Christian Schmid

Wer weiss –
vielleicht habe ich schon
einmal gelebt?

Literarische Annäherung an ein kontroverses Thema

für Mona

Bibliografische Information der Deutschen Nationalbibliothek:
Die Deutsche Nationalbibliothek verzeichnet diese Publikation in der Deutschen
Nationalbibliografie; detaillierte bibliografische Daten sind im Internet über
dnb.dnb.de abrufbar.

© 2022 Christian Schmid
Herstellung und Verlag:BoD –Books on Demand,
Norderstedt

Gestaltung: satzbild.ch
Cover: Foto nach einem Bild von Karl Fürer

Die Rechte an den abgebildeten Illustrationen, Fotografien sowie an den zitierten
Songtexten liegen bei den Künstlern und Autoren, deren Rechtsnachfolgern, Verlagen
und Plattenfirmen.

ISBN 978-3-75577-012-1

«Woni no so Chlini gsi bi, bini gad uf d'Welt cho, gäll?»

Gedanken meiner jüngeren Tochter Joëlle,
kurz vor ihrem dritten Geburtstag

Inhaltsverzeichnis

Gebrauchsanleitung zur Lektüre

Dies ist eine Sammlung von Geschichten aus meinem jetzigen Leben. Aber auf die eine oder andere Weise führen die meisten von ihnen weit zurück in vergangene Zeiten. Und zwar – wie ich meine – in einige meiner früheren Leben. Angefangen hat das alles schon in meiner Kindheit, doch wusste ich diese Erlebnisse damals nicht einzuordnen. Eingeprägt haben sie sich jedoch für immer in meiner Seele.

Nicht alle Geschichten behandeln frühere Leben, sondern sind auf eine andere Weise mit dem Thema verknüpft. Der rote Faden ist mein Weg zur Spiritualität, welcher mit der Zeit zur Überzeugung führte, dass wir nicht nur ein einziges Leben leben, sondern dass unsere Seele, die unsterblich ist, immer wieder in einem anderen Körper auf die Erde zurückkehrt. So lange, bis sie bereit ist, ins Licht einzugehen und nicht mehr wiederkehren zu müssen.

Im Grossen und Ganzen sind die verschiedenen Leben chronologisch dargestellt. Dies konnte ich jedoch nicht immer einhalten, da meine persönlichen Geschichten und die früheren Leben verschachtelt und miteinander verbunden sind. Dennoch bilden sie eine Einheit, denn ihren Ursprung haben sie in derselben Seele.

Es geht in diesem Buch um die These der Reinkarnation oder Wiedergeburt. Um die Frage, ob wir nicht nur einmal leben, sondern immer wiederkehren. Und warum.

Doch lesen Sie selbst. Vielleicht kommt Ihnen der Gedanke der Reinkarnation dann nicht mehr ganz so fremd vor.

Die Abtei in Spanien, um 1200

«Jede Nacht erklingt in Abbazia …» – Dieser Schlager von René Carol – eigentlich nur der Refrain – rief seltsame, fast wehmütige Gefühle in mir wach, als ich ihn damals, 1954, das erste Mal im Radio hörte; ich ging in Netstal GL in die erste Klasse. Es war das Wort Abbazia, das mich so faszinierte, das Wort Abbazia im Einklang mit der Melodie. Dieser fremde Name rief Ahnungen in mir wach. Ich sah ein weitläufiges, dunkles, flaches Gebäude auf einer heissen Hochebene. Dazu stellte ich mir einen schattigen Innenhof mit Büschen, Bäumen und Blumen vor. Schon damals als Bub war ich mir sicher, dass ich dieses Abbazia kannte – irgendwie.

Ich habe dieses Lied nicht oft gehört, aber den Refrain habe ich immer behalten und ihn auch immer wieder gesungen. Im Laufe der Zeit war ich mir fast sicher, dass Abbazia irgendwo im Inneren von Spanien liegen musste. Als ich in die Kantonsschule ging und Latein lernte, wurde es mir zur

Im Juni 2006 fuhr ich über die Hochebene von Huesca (Aragon, Nordspanien). In dieser heissen, weiten Landschaft drängte die Abbazia-Vision meiner Kindheit wieder in mein Bewusstsein.

Gewissheit, dass Abbazia ein Kloster in Spanien war. *Abbatia* heisst auf spät-lateinisch Abtei. In jener Zeit entstand so ein unbestimmtes Gefühl in mir, dass ich dieses Kloster kannte. So wie wenn ich in einem früheren Leben dort gelebt hätte – als Mönch? In meiner Familie hatte nie jemand von Reinkarnation gesprochen; davon, dass ein Mensch wiedergeboren werden und im Laufe der Zeiten viele Leben leben kann. Also kam mir dieser Gedanke selber fremd vor.

Erst in den späten 1960er Jahren kam das Thema Wiedergeburt in mein Leben, und zwar – ich staunte! – von meiner Mutter. Sie beschäftigte sich damals intensiv mit dem *tibetischen Buddhismus* und hatte sich für die Quizsendung «Dopplet oder Nüt» angemeldet. Die erste Runde startete im März 1969. Sie hatte ein grosses Wissen, dennoch wollte sie, dass ich sie jeweils abfragte vor jeder der vier Runden. So kam ich über sie zum Thema Reinkarnation. Und wie ist meine Mutter darauf gestossen?

Als Mädchen, mit zwölf, dreizehn Jahren, hörte sie vom Tod des damaligen 13. Dalai Lama und der Suche nach seinem Nachfolger.

«Die seltsame Geschichte von der Suche nach und dem Auffinden von einem Nachfolger beschäftigte das Kind nachhaltig.» (Auszug aus einem Zeitungs-Interview)

1933 verstarb der 13. Dalai Lama, und die Suche nach seiner Wiedergeburt – seinem Nachfolger – begann. Am 6. Juli 1935 wurde der Knabe Tenzin Gyatso in der Provinz Amdo in Nordtibet geboren. Anhand von Visionen machten sich vier Mönche auf die Suche nach dem neuen Oberhaupt der Tibeter. Als Tensin Gyatso zwei Jahre alt war, fanden sich die vier Mönche im Haus seiner Eltern in Taktser ein. Der Kleine erkannte spontan sämtliche Gegenstände aus dem Besitz des 13. Dalai Lama, welche die Mönche nebst anderen Gegenständen vor ihn gelegt hatten. Er nahm sie an sich, wie wenn er wüsste, dass sie ihm gehörten. Daraufhin wurde das Kind als Reinkarnation des 13. Dalai Lama anerkannt. 1939 brachte man ihn nach Lhasa, wo er im Jahr darauf zum spirituellen Oberhaupt der Tibeter gekrönt wurde.

Auch mich faszinierte diese Geschichte, und so begann ich mich für das Thema Wiedergeburt zu interessieren. In dieser Zeit, 1969, erhielt ich ein Buch:

Was uns erwartet – Offenbarungen von Geist Josef, übermittelt durch Medium Beatrice, von der Geistigen Loge Zürich.

Ein Vertreter, welcher die Firma besuchte, wo ich Ende der 1960er Jahre als Werbeassistent arbeitete, schenkte mir dieses Buch, nachdem wir uns eine

Weile privat unterhalten hatten. Dies wurde mein erster Kontakt mit dem Mediumismus (der später Channeling genannt wurde) sowie dem Thema «Weiterleben nach dem Tode».

Das Buch enthält 16 Erfahrungsberichte aus der geistigen, jenseitigen Welt. Ich erinnere mich, dass ich beeindruckt war von diesen Berichten, aber – weil alles so neu war für mich – dennoch sehr skeptisch blieb. Zum Beispiel hatte ich Mühe, das Kapitel 12, «David: Als Baumeister im Jenseits» zu verdauen. Der Verstorbene widmete sich auch im Jenseits seinem früheren Beruf als Architekt, einfach mit anderen als den irdischen Materialien.

Fasziniert jedoch hat mich, was all diese Berichte und Zeugnisse gemeinsam hatten: Das Erstaunen der Verstorbenen, wenn sie nach dem Tod in dieser «anderen Welt» erwachten und merkten, dass sie zwar auf Erden gestorben, aber in der jenseitigen Welt durchaus noch lebendig waren.

Mir dämmerte, dass das Weiterleben nach dem Tod durchaus eine Möglichkeit darstellen könnte. Und das Warten auf den Jüngsten Tag und damit die Auferstehung, wie ich es im Religionsunterricht gehört und nie so recht geglaubt hatte, schob ich jetzt vorerst mal zur Seite.

Von dieser Zeit an stiess ich immer häufiger auf diese beiden Themen: Weiterleben nach dem Tod und Wiedergeburt – auch wenn es sich dabei anfänglich nicht um Erlebnisse, sondern so etwas wie erste Ahnungen handelte.

Atlantis

Über Bücher, aber auch die Musik, stiess ich in eben jenen Jahren immer wieder auf den Mythos Atlantis. Der schottische Sänger Donovan hatte ein geheimnisvolles Lied geschrieben, das 1969 aus allen Juke-Boxen ertönte und ein Welthit wurde: Atlantis. Aus den Büchern von Robert Charroux und Erich von Däniken hatte ich über diesen versunkenen Kontinent gelesen – und ihn für möglich gehalten. Aber was Donovan mit diesem Lied bei mir bewirkte, war umfassender: Es war, wie wenn der Barde eine wahre Geschichte erzählte!

Atlantis, von Donovan

Das lange Intro der Single wird von Donovan gesprochen, er erzählt von der Kultur und vom Untergang von Atlantis, und wie ein Teil der Bevölkerung noch vor der Katastrophe zu neuen Ufern aufgebrochen ist:

«The continent of Atlantis was an island
which lay before the great flood
In the area we now call the Atlantic Ocean.
...
Way down below the ocean, where I wanna be, she may be.»
(dies ist der mehrfach wiederholte Refrain)

Der Untergang von Atlantis wird um 10 000 v. Chr. angenommen. Laut einer Hopi-Überlieferung sollen die grossen Steinköpfe auf der Osterinsel Zeugen einer uralten, im Pazifik versunkenen Hochkultur sein.

Ab April 1969 hielt ich mich für drei Monate in London auf und fand schon bald den Weg in eine kleine Hippie-Teestube namens «Gandalf's Garden», die mich magisch anzog. Psychedelische Musik, Räucherstäbchen, spirituelle Literatur und – ja, ich bewunderte Tolkiens Magier Gandalf. Eine sagenumwobene Welt, die mir sehr nahestand. Im Büchergestell fand ich ein Taschenbuch von *Edgar Cayce,* dessen Titel «Atlantis» lautete. Dieses kaufte ich und begann sofort zu lesen, während ich meinen Tee dazu trank. Das Thema Atlantis beschäftigt mich bis heute. Es geht hier nicht nur um einen versunkenen Kontinent, sondern das Hauptthema ist die Wiedergeburt. Viele der damals umgekommenen Atlanter sollen sich in unserer Zeit wieder inkarniert haben. Vielleicht, damit wir dieselben Fehler nicht noch einmal machen? – Heute singt Donovan übrigens vor allem spirituelle Lieder.

Nach diesem Ausflug in die 1960er Jahre wenden wir uns wieder dem Kloster Abbazia zu. So ganz unmöglich schien es mir nun nicht mehr, dass ich einst ein Leben als Mönch in einem spanischen Kloster verbracht haben könnte. Und nicht nur in einem spanischen, nein auch in einheimischen Landen. Wenn immer ich eine Klosterglocke läuten höre, tritt mir ein Bild vor Augen: Ich wandere in einer Wiesenlandschaft, im Hintergrund sind Wälder und davor steht ein Kloster. Die Glocke läutet, und ich weiss, ich muss mich sputen, um nicht zu spät zu kommen… Damit verbunden aber ist ein sehr starkes Gefühl von «Daheim». Diese Szene sehe ich immer wieder, wenn ein *Klosterglöcklein* läutet. Von meinem Gefühl her ist es in Süd-Deutschland, vielleicht im Allgäu. Ich wundere mich immer wieder, dass ich mich als Mönch fühle, wenn ich in dieser Szene «bin». Dasselbe passierte mir übrigens, als ich die Langspielplatte «Glocken in Deutschland» abspielte, und zwar beim Läuten einer ganz bestimmten Glocke. Da befand ich mich wieder auf jener Wiese auf der Alm.

Im Internet fand ich unter *Abbazia,* dass dies ein Seebad im Norden Kroatiens sei. Seine hohe Zeit begann ab 1889, als es vom Kaiser zum ersten heilklimatischen Kurort an der österreichischen Adriaküste erhoben wurde. Unter dem Begriff «Miramar Relax Resort» in Abbazia steht:

«Wer immer in österreichisch-ungarischen Landen an Fernweh litt und vom Süden träumte, dachte an Abbazia (Opatija). Abbazia, das war die klangvolle Metapher für die grosse Sehnsucht, für das kakanische Paradies schlechthin.»

Kakanisch? Wegen der beiden «K's»: Als Kakanien, das hatte ich bis dahin nicht gewusst, wurde damals die K & K «Kaiserlich & Königliche» Österreichisch-Ungarische Monarchie bezeichnet.

Dies passte nun zwar nicht zu einem Mönchsleben – es erinnerte mich aber an meine Grosseltern mütterlicherseits, die in österreich-ungarischen Landen gelebt hatten: im Sudetenland in Böhmen, das zur damaligen Tschechoslowakei gehörte. Sie lebten in der Zeit der Strauss-Walzer und «Wien, Wien nur du allein». Was mir davon blieb, ist ein silberner Maria-Theresien-Taler von Opa; und vielleicht die grosse Sehnsucht nach dem kakanischen Paradies, das in Abbazia lag...

Das Wort *abbazia* allerdings ist italienisch und heisst Abtei, Kloster. Spanisch heisst es monasterio, nix abbazia. Aber ich kann es nicht ändern: Ich sah mich als Mönch in Spanien, damals als Erstklässler, 1954, in Netstal, Kanton Glarus...

Damals allerdings sah ich auch ganz Anderes als Mönchisches: Ich sah Soldaten, Krieg und Bomben.

Deutschland, der Zweite Weltkrieg, 1939–1945

Als ich an einem Sommertag allein den Feldweg von Netstal Richtung Näfels lief, brummte ein Flugzeug talaufwärts. Ich hatte Angst. Etwas in mir wusste, dass dies ein Bomber war. Ich fragte mich nicht wieso – es war einfach so. Schnell lief ich zurück zum Haus. Damals dürfte ich in der zweiten Klasse gewesen sein, 8-jährig. Ich erzählte niemandem davon.

In dieser Zeit begannen mich Berichte über den 2. Weltkrieg zu faszinieren. Meine Mutter erzählte eher beiläufig vom Krieg. Zum Beispiel während dem Mittagessen von den Soldatenkartoffeln in den sibirischen Gefangenenlagern. In der Ries-Familie wurden die Kartoffeln immer mit der Schale gekocht und gegessen. Auf die Frage, warum wir die Schale mitessen müssten, hörten wir, dass in den Kartoffelschalen die Vitamine seien. Die deutschen Kriegsgefangenen in den russischen Lagern hätten eine sehr karge Kost bekommen. Die Soldaten, welche die Kartoffeln mit der Schale assen, seien gesünder gewesen als jene, die die Kartoffeln geschält hätten. Jedes Mal, wenn es Pellkartoffeln gab, wollten Walter und ich die Geschichte wieder hören.

Dann erzählte sie immer wieder mal vom Rauchwarter Erich. Und dass er gefallen sei. Dieses Wort «er ist gefallen» prägte sich mir unauslöschlich ein. Da war so viel Tragik miteingeschlossen: gefallen. Nicht erschossen – blutjung gefallen, weit weg von seinen Lieben. Erst Jahrzehnte später dämmerte mir, dass dieser Erich ihr erster Schatz gewesen sein musste. Gesagt hat sie es uns nie. Andere ihrer Freunde haben überlebt, der Wollmann Franz zum Beispiel, der eine wichtige Rolle gespielt hatte in jenen Netstal-Jahren.

Oft hörten wir auch eine Geschichte, die ich heute nicht anders denn als Trauma bezeichnen würde.

Das war, als sie während des Krieges als Backfisch mit ihrem Bruder Walter allein im Elternhaus an der Gürtelstrasse in Warnsdorf (damals Tschechoslowakei) gewohnt hatte. Omi und Opa, ihre Eltern, wohnten zu jener Zeit in Rumänien, weil Opa dort Arbeit hatte. Sie erzählte, dass ihr jüngerer Bruder Walter sie oft zu piesackte, auch in den Keller sperrte. Und von nirgendwo her hatte sie Hilfe zu erwarten: die Eltern beide weit weg in Rumänien, die ältere Schwester Ilse «gut» verheiratet mit Erich P., Fabrikant und Nazi (letzteres erfuhr ich erst in meinen späten Erwachsenenjahren; darüber war geschwiegen worden in der Familie); dann der älteste Bruder Hermann, frisch verheiratet mit seiner Jenny; und Bruder Heinz durch Suizid aus dem Leben geschieden. Dackel Waldi hatte sie auch nicht mehr. (Als die Familie ihn nicht in die Ferien mitnahm, hatte er vor Heimweh aufgehört zu fressen und zu trinken und war gestorben.)

Ja, gab es denn gar nichts Schönes in ihrem Leben während des Krieges? Doch. Ihre Freundinnen, mit denen sie zur Schule ging. Die Kucher Gretel, die Schreiner Hilde, die Augsten Hanni, die Kreyer Jenny und wie sie alle hiessen (Mit ihnen hatte sie Kontakt bis fast ans Ende ihres Lebens – mehr oder weniger…). Die meisten ihrer Freundinnen waren Sudetendeutsche. Ich bin sicher, dass meine Mutter sich ebenfalls als Sudetendeutsche verstand, obwohl sie dank ihres Vaters Schweizerin war. Mit «Biehm'schen» (den Böhmischen, den Tschechen), die in der Minderzahl waren, hatte sie weniger Kontakt, aber sie lernten Tschechisch in der Schule. So trat sie ganz selbstverständlich in den BdM ein, den Bund deutscher Mädchen, wie alle ihre Freundinnen. Lotti – meine Mutter – war sehr gut im Sport. Das BdM-Abzeichen, das sie als Preis erhielt, hat sie mir einmal gezeigt, als ich Zweit- oder Drittklässler war. Wir haben es erst wieder gefunden, als wir es nach ihrem Tod im Nachlass fanden. Es ist heute in meinem Besitz. Und aus Hakenkreuz-Gründen ins Dunkel einer Schachtel verbannt.

Aber es gab natürlich nicht nur Schule und BdM für diese jungen Mädchen voller Unternehmungslust und Lebensfreude. Weit gefehlt! Ausgerüstet mit Klepper-Zelten und Sprit-Kochern zogen diese Backfische auf Fahrrädern los Richtung Thammühl. Diesen Namen hat meine Mutter hunderte Male mit leuchtenden Augen erwähnt. Thammühl schien mir ein kleiner Ort zu sein; er lag an einem See, dem Hirschberger Grossteich. Da zelteten die Mädels. Es existiert ein Foto aus jener Zeit, das Lotti zeigt, wie sie – Zigarette im Mund! – keck aus ihrem Klepperzelt schaut. Und zu fragen scheint: *Wo ist das Leben? Was hat es bereit für mich?*

So viel also zu ihrem jungen Leben in Warnsdorf während des Zweiten Weltkriegs. Hat Mutter denn vom Krieg nicht viel mitbekommen? Oder verdrängte sie es, wie die meisten Menschen dieser Kriegsgeneration? Ein bekanntes Phänomen: Man muss sich um jeden Preis schützen und behaupten, denn man will überleben – vom Schlimmen spricht man nicht.

Doch an ein paar Dinge, die sie über den Krieg erzählte, erinnere ich mich, zum Beispiel an Generalfeldmarschall Rommel, über den sie stets voller

Deutscher Landser, eine Handgranate werfend (Russland 1941). Ein ähnliches Bild hängte ich mir als Neunjähriger über mein Bett. Traurigkeit und Einsamkeit ergriffen mich, wenn ich es ansah.

Achtung, ja Bewunderung, sprach. Im Oktober 1938 – da war Mutter 15 Jahre alt – war er Kommandeur des Führerbegleitbataillons beim Einmarsch der Deutschen ins Sudetenland. «Wir mussten am Strassenrand Fähnchen schwingen», sagte sie darüber. Und dass er wegen seiner Verdienste im Afrikafeldzug (1940–1943) der «Wüstenfuchs» genannt wurde. Und dass die Nazis ihn gezwungen hätten, Selbstmord zu verüben, weil er mit der Widerstandsbewegung gegen Hitler sympathisiert habe (1944).

In Opas Illustrierten las ich alles, von Klatsch über Prominenz aus Film, Königshäusern und Politik, Massenmörder, Kinderschänder und Berichten aus dem Zweiten Weltkrieg. Opa kaufte jede Woche vier Illustrierte: den Stern, die Quick, die Bunte und Kristall. Den Stern und die Bunte gibt es heute noch. In der Quick vor allem erschienen Fortsetzungsromane, die den 2. Weltkrieg zum Thema hatten, die ich alle mit heissen Ohren verschlang.

Einmal gab es in der Quick das farbige Titelbild eines deutschen Landsers, der, auf dem Boden liegend, gerade im Begriff ist, eine Handgranate zu werfen. Der Hintergrund verschwommen und der Horizont von grauem Rauch bedeckt. Dieses Bild faszinierte mich ungemein. Ich musste es immer wieder ansehen. Ich fragte Opa, ob ich diese Titelseite haben dürfe, wenn alle das Heft gelesen hätten. Er erlaubte es mir, und von da an hing das Bild dieses deutschen Soldaten an die Wand gepinnt über meinem Bett. Kommentare oder Fragen dazu gab es keine, weder von meiner Mutter, noch von Omi und Opa.

Wieder dieses Schweigen… Das fiel mir aber erst Jahrzehnte später auf! Als ich mich für die Kinder der Kriegsgeneration zu interessieren begann. Und lernte, dass das Schweigen der Älteren die Nachkriegskinder genauso belastete wie die direkt Betroffenen. In Familienaufstellungen, die ich machte (und zwar aus völlig anderen Gründen), wurde mir dies drastisch und berührend vor Augen geführt. Als Kind war es zwar ok für mich gewesen, dass man mich machen liess. Aber besser für meine Seele wäre es gewesen, etwas mehr über dieses dunkle Kapitel der Weltgeschichte erfahren zu haben.

Flugzeuge, Bomber, Angst. Der einfache Soldat an der Front mit der Handgranate. Wie sollte ich Neunjähriger denn dies alles einordnen?
Danach war eine Zeitlang Ruhe in Bezug auf dieses Thema. Im Frühjahr 1958 verliessen wir Netstal GL und zogen nach St. Gallen. Dort durfte ich ein paar unbeschwerte und schöne Jahre von Kindheit verleben, die in mir den Grundstock legten zu dem Gefühl: Hier ist mir wohl, hier bin ich willkommen. Hier ist das, was ich von nun an meine Heimat nennen möchte.
Dann die Pubertät… naja. Und etwas später die Beat- und Rock-Explosion! Wow! Die 68er Rebellion auch in St. Gallen. London 1969, die Stones im Hyde Park und anschliessend ein mystischer Trip nach Schottland. Vier Monate später zurück in St. Gallen: Es gibt sie, die Liebe auf den ersten Blick! Marlen. Sie will ich, und zum Glück nahm sie mich.
Wir waren Teil dieser grossen Jugend-Bewegung, die man später «Die 68er» nannte. Es war das Aufbegehren gegen eine selbstzufriedene Gesellschaft («Establishment» nannte man das) und vor allem eine radikale Ablehnung von Krieg, ausgelöst durch die Gräuel des Vietnam-Kriegs. Aus dem Summer of Love von 1967 entstanden Peace & Love und die Zeit der Hippies.

Viele Jahre später hörte (oder las?) ich von jemandem eine Ansicht, die tief in mir etwas anrührte. Sie lautete in meiner Erinnerung etwa so:
Die Millionen Toten, Soldaten und Zivilbevölkerung, die im 2. Weltkrieg durch Bomben und Feuerstürme so plötzlich aus dem Leben gerissen wurden – die meisten von ihnen zu jung zum Sterben – fanden sich im Jenseits wieder und beschlossen, sich so rasch wie möglich wieder auf der Erde zu inkarnieren, um dafür einzustehen und zu kämpfen, dass so ein Irrsinn sich nicht mehr wiederhole.
«Nie wieder Krieg!» war ihr Motto, und so fühlte auch ich in meinem Innersten. Aus dieser Geisteshaltung sei die 68er Bewegung entstanden: durch Menschen, die in den 1960ern so jung waren wie damals, als sie im Krieg starben. Diese Idee hatte etwas Einleuchtendes, und je länger je mehr erschien mir der Gedanke der Wiedergeburt immer plausibler.

Innere Reisen – Äussere Reisen

Aber in dieser Phase meines Lebens gab es keine Ausflüge mehr in alte Zeiten, frühere Leben oder was immer... Dafür reisten wir in innere Welten, mit Marihuana, LSD, Hustensirup und Pilzli. Innere Reisen führten viele von uns auf den *Weg*. Das war die Hippie-Zeit der ganz frühen 1970er Jahre. Äussere Reisen führten uns nach Südfrankreich. Aber das ist wieder eine eigene Geschichte. Diese ist zwar erlebt und gelebt, aber nur stückchenweise aufgeschrieben (auf Seite 74 Marien-Erlebnisse in Frankreich erfährst du etwas mehr darüber, oder in meinem Buch *You Really Got Me!* music 1947–1970).

Um nicht vom Thema abzuschweifen, erlaube ich mir jetzt einen Zeitsprung von zwanzig Jahren. Und mit Bezug auf meine eventuellen früheren Leben, möchte ich chronologisch vorgehen. Deshalb beginne ich mit dem ältesten meiner mir bekannt gewordenen Leben.

Altes Ägypten, um 800 v. Chr.

Als ich vor einigen Wochen (das war im Sommer 2017) in alten Tagebüchern blätterte, stiess ich auf etwas Interessantes im Zusammenhang mit früheren Leben, das ich aber seitdem vollkommen vergessen hatte. Im Juni 1990 hatte ich über Prof. Alex Schneider eine Sitzung beim englischen Medium Ursula Roberts gebucht. Ich glaube, es war ein allgemeines Reading, ohne dass ich bestimmte Fragen gestellt hätte. An einer Stelle hatte ich im Tagebuch folgendes notiert:

«A long time ago you had to look after scrolls. You had to look after them, but you were not allowed to write. You can write now.»

«Vor langer Zeit musstest du dich um Schriftrollen kümmern. Du musstest sie hüten, aber es war dir verboten, selber zu schreiben. Heute darfst du schreiben.»

Es ging hier um ein Leben im alten Ägypten! Und Ursula ermunterte mich zum Schreiben, sah sogar voraus, dass ich einmal ein Buch schreiben würde. Das erstaunte mich nun wirklich. Bis zur Veröffentlichung meines ersten Buches *Gallusland* 2011 sollten noch über zwanzig Jahre vergehen. Aber vielleicht war die Herausgabe dieses Buches schon damals in meinem Inneren angelegt? Das englische Medium sah also ein längst vergangenes Leben von mir, in welchem ich ein Hüter von heiligen Papyri war. Lange Zeit war ich auch in meinem jetzigen Leben Hüter von Papyri: nämlich Buchhändler. Bis ich anfing selber zu schreiben.

Die ägyptische Göttin Isis
mit den Kuhhörnern
– Symbol für die Mondsichel –
und der Sonnenscheibe.

Mönch in Kells, Irland, um 800

Irlandreise von Chris und Mona, im September 2008. Aus meinem Tagebuch:

Als wir im Stadtzentrum von *Kells* (County Meath) parkierten, las ich: *Place of Saint Columba* (Columba der Ältere, nicht unser Kolumban). Ohne Verzug traten wir in den heiligen Bezirk ein. Im Jahre 807 gründeten Mönche hier ein Kloster, nachdem die Wikinger *Iona* (die kleine Insel im Westen Schottlands) zerstört hatten. Aus dieser Zeit stammen noch fünf *High Crosses*. Das älteste ist Patrick und Columba geweiht und ist 1200 Jahre alt. Eines der Kreuze heisst «das Unvollendete» (es erinnert mich an das ägyptische *Tau-Kreuz*). Es zog mich an, so setzte ich mich auf den Sockel, der unten rund um das Kreuz läuft und schloss die Augen. Unvermittelt tauchten innere Bilder auf. Ich sah mich inmitten von Mönchen, hier in diesem Kloster. Wir liefen in Zweierkolonne in einer langen Reihe über das Klostergelände zur Kirche. Starke Gefühle ergriffen mich und Tränen rannen mir übers Gesicht. Was war das? War ich hier einst Mönch gewesen? Ein Schreiber und Buch-Maler? – Mona hatte sich auf der anderen Seite des Kreuzes hingesetzt, sodass wir Rücken an Rücken sassen. Sie hatte ebenfalls eine Vision: Sie hatte uns beide in einem Leben im frühen Irland gesehen. Auch sie sah mich als Mönch. Wir waren damals ein Paar, doch dann wählte ich den Weg des Klerikers und nicht jenen des Lebens mit ihr. Nicht weil ich meine Maid nicht liebte, sondern weil das Kloster damals für wissbegierige, junge Männer die einzige Möglichkeit war, um an Wissen zu gelangen. So konnte ich lernen: lesen, schreiben, malen. Und habe sie dafür verlassen, auf unsere Liebe verzichtet. Mona war damals sehr wütend gewesen auf mich, und enttäuscht. Als wir aus der Vision auftauchten, waren wir noch eine geraume Weile von unseren Gefühlen überwältigt – sogar von Monas damaliger Wut war anfänglich noch etwas zu spüren.

Nun schien es konkreter zu werden, das Thema der Reinkarnation. Dies war das erste Mal, dass ich mich ganz klar in einem früheren Leben sah und spürte. Und es wurde durch Monas Vision sogar wie bestätigt.

Ich bin eigentlich ganz zufrieden mit diesem Erlebnis, dieser Entwicklung; denn die Lehre der Wiedergeburt dünkt mich eine gerechte. Die Seele erhält so die Gelegenheit, in einem nächsten Leben die Fehler des vergangenen wiedergutzumachen. Als ich Mona 2007 kennenlernte, war ich 60,

Auf dem Sockel dieses High-Cross in Kells erlebten Mona und ich die Vision eines früheren Lebens in Irland.

Mona vor einem Denkmal im Örtchen Recess in Connemara. Der Text auf der Tafel lautet: «On this site in 1897 nothing happened.»

sie war 50. Ich hatte eigentlich nicht damit gerechnet, nochmals eine Beziehung einzugehen, aber als ich sie am Geburtstag ihrer Freundin allein an einem kleinen Tischchen sitzen sah, wusste ich blitzartig: Mona! Mit ihr möchte ich zusammen sein. Für sie legte ich mich noch einmal so richtig ins Zeug, wie ein jung Verliebter… Es dauerte eine Weile – erst ein Kuss mitten auf dem Gallusplatz machte, dass auch Mona mich wollte. Es war ein grosses Geschenk, dass ich die Liebe noch einmal so intensiv erleben durfte. Wir hatten aber auch viel Streit, von Anfang an, was dann – nach elf Jahren – zur Trennung führte.

Aus Kells (oder Iona, darüber streiten die Gelehrten) stammt das berühmte *Book of Kells,* das wir in Dublin im *Trinity College* gesehen hatten. Während eines Wikingerüberfalls wurde es gestohlen und zwei Monate später unter einer Grassode ohne den kostbaren Buchdeckel wiedergefunden. Fast unglaublich, die Bilder dieses Buches! Das Buch ist kleiner, als ich es mir vorgestellt hatte. Auf einer Wandprojektion sah man, wie fein diese *Mönchskünstler* malten und zeichneten. Erstaunlich die Fülle an Verzierungen und Figürchen. Als ich die Seite im ausgestellten Originalbuch sah, dachte ich: Das kann doch nicht sein! Wie wenn sie es mit einer Lupe gemalt hätten… Oder hatten sie bessere Augen damals?

Äusserst bemerkenswert fand ich ihre unbekümmerte Verbindung von keltischem und heidnischem Gedankengut mit dem christlichen. Ohne die irischen Mönche, die sorgsam und getreulich die ganzen keltischen Mythen aufgeschrieben haben, wüssten wir heute praktisch nichts über die keltische Kultur. Denn die Kelten haben ihre Lieder und Mythen nur mündlich überliefert. Ich wage sogar zu sagen: Diese Mönche der Anfangszeit (vom 4. bis

6. Jahrhundert) waren in erster Linie Kelten, mit ihrer ganzen Liebe zum Heimatland, zur eigenen Kultur; darüber hinaus erst waren sie begeisterte Christen. (Näheres dazu kann in meinem Buch *Gallusland* nachgelesen werden.)

Über zehn Jahre nach diesem Ereignis in Kells fielen mir eines Abends zwei Namen zu, als ich über jenes Erlebnis meditierte:

Maire und Erin.

Maire war Mona, und ich schien damals Erin geheissen zu haben. Wir lebten in einem kleinen namenlosen Dorf in der Nähe von Kells. Meinem Gefühl nach kannten wir uns seit unserer Kindheit, unsere Eltern waren Nachbarn und Landbesitzer. Wir waren verliebt und wurden später ein Paar. Bis ich ins Kloster ging.

Wikinger, im Norden
von Schottland, 10. Jahrhundert

2007 las ich in einer Zeitschrift über eine neue Herkunftsanalyse anhand der DNA-Genealogie.

Ich schrieb an die genannte Firma IGENEA und erhielt dann die Unterlagen sowie ein Röhrchen, um meine Speichelprobe («den Abstrich meiner Mundschleimhaut») einzuschicken. In diesem Gen-Labor stellen sie fest, welcher der sogenannten Haplogruppen man angehört (die Haplogruppen zeigen die Wanderungen der Urvölker). Untersucht werden das Y-Chromosom (die väterliche Linie, Y-DNA) und die mitochondriale, mütterliche DNA (mtDNA).

Die Haplogruppen stammen von verschiedenen Teilen der Erde und aus unterschiedlichen Zeiten. Man kann auch erkennen, wohin die einzelnen Gruppen gewandert sind.

Und Folgendes kam bei meinem Test heraus:

Väterliche Linie

Haplogruppe	R1 (Urzeit)
Urvolk	*Wikinger* (Antike)
Ursprungsland	Vereinigtes Königreich (10.–11. Jh. n. Chr.)

Mütterliche Linie

Haplogruppe	H (Urzeit)
Urvolk	*Germanen* (Antike)
Ursprungsland	Deutschland (10.–11. Jh. n. Chr.)

Also, da staunte ich nicht schlecht: meine väterliche Abstammung von einem Wikinger, der im 10. bis 11. Jahrhundert in Britannien gelebt hatte! Mütterlicherseits war ich ein Germane aus Deutschland, ebenfalls 10. bis 11. Jahrhundert. Alles klar. Die Omi aus dem Sudetenland lässt grüssen.

Die Wikinger-Geschichte liess mich nicht mehr los. Nun schienen sich einige der Knöpfe aufzulösen, die verknotet seit vielen Jahren in meinem Unterbewusstsein hausten. Ich begann dort und auch in meinen Tagebüchern zu suchen, was auf eine solche Vergangenheit hindeuten könnte. Worauf ich stiess, sind Lichtpunkte, Mosaiksteinchen aus meinem jetzigen Leben, die ich nie so richtig einordnen konnte und die mich dennoch tief innen berührten.

Sommerland

Im Sommer 1963 hörte ich im Radio einen deutschen Schlager, von einer mir unbekannten Teenie-Sängerin gesungen, dessen Refrain lautete *Good Bye My Summer Love*. Sie hatte eine sehr eigene, starke Stimme – aber es waren die Worte, die etwas in mir auslösten. Mit einer Sommerliebe hatte es nichts zu tun. My Summer Love – das rührte etwas an in mir, etwas, das ich kannte ... was war es? Es ging direkt in mein Herz, mein Gemüt. Und mit Sommer hatte es etwas zu tun.

Ich konnte diesen Song nirgends mehr ausfindig machen, ausser auf meiner alten Tonkassette, die ich 1963/64 mit meinem alten Tonband aufgenommen hatte. Da ist er konserviert – neben Oldies wie Pretty Woman, Memphis Tennessee oder Shake Hands von Drafi Deutscher.

Sechs Jahre später, 1969, lernte ich in London Jean kennen. Sie sprach oft von Somerset, wo sie mit ihrer Familie Ferien machte. «Tell Me about *Somerset*, Jean!» fragte ich sie. Denn dieser Name liess erneut etwas in mir anklingen. Somerset – Land im Sommer? Land im Süden? Ihr Mann Peter erzählte mir viel von den uralten Bauwerken im Süden Englands: Stonehenge, Avebury, Glastonbury.

Stonehenge war mir aus der archäologischen und esoterischen Literatur wohlbekannt, alles andere aber nicht.

Eines Tages würde ich nach Somerset reisen, Stonehenge und Glastonbury sehen! So sagte ich mir damals. Dass es über dreissig Jahre dauern würde, bis es soweit war – das ahnte ich nicht. Erst im Jahr 2003 war es dann soweit. Da fuhr ich im Bus auf der 163 nach Bridgewater, und immer weiter ins Landesinnere, durch die Grafschaft Somerset. Ich erfuhr, dass in alten Zeiten diese Gegend *Sommerland* genannt wurde.

Good Bye My Summer Love ...

Während der ganzen Busfahrt spielte in meinem Kopf dieses Lied. Summer Love, Sommerland. Nun war ich da. Vom 4. bis 11. Mai reiste ich durch das Sommerland. Hier nun folgt die Geschichte, wie ich sie in meinem Tagebuch damals aufgeschrieben habe.

Mit John und Alice
von Stonehenge nach Avebury

Schon seit Jahren sagte ich immer wieder: Nächstes Jahr fahre ich nach Glastonbury. Eines Tages dachte ich, wenn du jetzt nicht gehst, kommst du nie dahin. Also plante ich die Reise, und Anfang Mai 2003 war es dann soweit. Ich verbrachte zunächst zwei Tage bei meiner alten Freundin Jean, die mitten in Londons South East 1 wohnte. Danach brachte mich ein Überland-Bus von der Victoria Coach Station in den Südwesten von England, in die alte Stadt Salisbury in der Grafschaft Wiltshire. In der Tourist Info vermittelten sie mir ein sympathisches B&B. «Hello, I'm Mary!», begrüsste mich die Landlady. – Bevor ich mich nach Glastonbury begab, wollte ich jedoch Stonehenge endlich einmal in Ruhe besichtigen und danach den grossen Steinkreis

Als ich im Juni 2003 Stonehenge besichtigte, kreiste ständig ein schwarzer Helikopter ohne Kennzeichen über der Anlage.

28

von Avebury, den ich noch nie gesehen hatte. – Am nächsten Morgen – nach einem opulenten English Breakfast («full service, yes, thank you.») nahm ich den ersten Bus, der mich nach Stonehenge bringen würde, den «Early Bird». Denn ich wollte Stonehenge in morgendlicher Frische erleben, wenn es noch nicht von herumstolpernden Touristen übervölkert war; später am Tag würde ich nach Avebury weiterfahren.

«Stonehenge people!» rief der Bus-Chauffeur in Amesbury, da mussten wir umsteigen. Tatsächlich war ich dann um 9.30 Uht der erste, der in Stonehenge eine Eintrittskarte kaufte. Ich zog sofort los, um vor den andern, die sich noch mit Kopfhörermiete oder guides herumschlugen, im Heiligtum zu sein. Das neolithische Monument sieht schon von weitem majestätisch und ehrfurchtgebietend aus – etwas vom Grössten, das ich je gesehen habe an heiligen Plätzen. Allein schon die Lage: Auf einem sanften Hügel, die ganze Landschaft überblickend, kann es selbst von weitem gesehen werden. Als ich das erste Mal da war, 1979, wusste ich noch nicht so viel darüber. Dieses Mal ging ich mit mehr Informationen hin, doch wollte ich mich auch vom Geist des Ortes führen lassen. Das Buch, das mir als Führer diente, hiess: Stonehenge im Lichte der Auferstehung – Die Weisheit der Druiden. Die Autorin Theodora de Ridder arbeitet als Heilerin und spirituelle Begleiterin. Durch die Lektüre vorbereitet, trat ich in das Heiligtum ein und begann mit einzelnen Steinen Kontakt aufzunehmen. Das ging mit dem einen besser, mit anderen weniger oder gar nicht. Mir fielen auch die vielen schwarzgrauen, rabenartigen Vögel auf, die sich im heiligen Bezirk aufhielten, Dohlen vielleicht. Als ich den «Stein des Lebens» suchte und nicht gleich finden konnte, flog einer dieser Vögel heran, setzte sich vor mir ins Gras und schaute mich aus seinen hellblauen Augen an. «Ist das der Stein, den ich suche?», fragte ich ihn in Gedanken. Unverwandt schaute mich das Tier an. Da sah ich es: Es *war* der Stein! Er war verdeckt von zwei grossen Blöcken, die auf ihn gefallen waren. Der Stein des Lebens, halb in den Boden gedrückt, lugte unter ihnen hervor. Ich ging hin, um ihn zu berühren. Sogleich begann Energie zu fliessen zwischen Mensch und Stein, ein überwältigendes Gefühl… Was dieser Monolith mir vermittelte, war reine, herzöffnende Liebe. Deshalb nenne ich ihn jetzt den Stein der Liebe. Ich denke, dass der Rabenvogel dies auch weiss.

Dies war für mich der Höhepunkt in diesem 7000 Jahre alten Steinkreis. Ich wanderte weiter, um andere *standing stones* zu besuchen, den Kräuterstein, den Stein der Heilung, den Musikstein. Als ich vor einem der Trilithen (zwei mächtige Steine mit einem Querstein darüber) meditierte, kam donnernd ein riesiger schwarzer Militär-Helikopter über das Heiligtum geflogen. Militär? Ich sah keine Hoheitszeichen, er war ganz schwarz. Ich fotografierte ihn, weil er irgendwie faszinierend war – aber auf mich wirkte er bedrohlich, wie ein Eindringling aus einer anderen Welt. In der Nacht darauf, zurück in meinem Bett im B&B in Salisbury, hörte ich dasselbe ratternde Geräusch: Der Helikopter flog mitten in der Nacht über das Haus... Da machten mir andere kleine Flugwesen viel mehr Freude. In Stonehenge waren auch unzählige kleine Insekten in der Luft gewesen, ständig auf und ab schwebend. Mit ihren langen, hängenden Vorderbeinen hatten sie ausgesehen wie kleine natürliche Helikopter.

Nach der Besichtigung nahm ich den Doppeldecker-Bus, der mich von Stonehenge nach Avebury führen sollte. Der Bus-Chauffeur sagte zu mir, als ich in Stonehenge einstieg, dass ich nach einer gewissen Strecke in einen kleinen *local bus* wechseln müsse, um nach Avebury zu gelangen. Erwartungsfroh setzte ich mich ganz vorne hin, genoss die Fahrt und wie Dörfer, Felder und Hügel an uns vorbeizogen. Nach einiger Zeit kamen wir zu einem Dorf namens Codford. Am Dorfeingang hatte die Gemeinde eine Riesentafel aufgestellt:

Codford Country Show, Saturday 7th May.
Don't Miss It!

Als ich die letzte Zeile las, kam mir ein Lied aus dem Sergeant Peppers Album von den Beatles in den Sinn: Being for the Benefit of Mr Kite, und zwar die Zeile:

The Hendersons will dance and sing
As Mr. Kite flies through the ring.
Don't be late!

John Lennon hatte in einem Buchantiquariat ein altes Zirkusplakat aus dem Jahr 1843 gefunden, das ihn zu diesem originellen Song inspirierte, musikalisch untermalt von zusammengemixter Zirkusmusik. «Don't miss it» und «Don't be late» – diese Aufforderungen, ja Einladungen! und das Lied im Ohr – so muss es angefangen haben. Ich begann geistig weg zu driften, befand mich in einem Zustand zwischen Dösen und Träumen. In diesem Zwischenreich zog mir fast der ganze Beatles-Song durch Gehirn und Gemüt. Hier folgt ein Auszug:

For the benefit of Mr. Kite
There will be a show tonight on trampoline

Having been some days in preparation
A splendid time is guaranteed for all
And tonight Mr. Kite is topping the bill.
(Heute Abend wird Herr Kite alles übertreffen.)

Nach dieser Stelle steigert sich die Musik zu einem Crescendo, einer von John Lennon zusammengeschnittenen Mischung aus verschiedensten klassischen Zirkusmusik-Stücken, genial!

Irgendwo in einem Weiler in der Ebene mussten wir den Doppeldecker wechseln gegen einen kleinen *local bus*. Kaum im Fahrzeug, nickte ich wieder ein – lange Reise… Das kommt davon, wenn man den «Early Bird» nimmt, dachte ich noch. In meinem Zwischenreich vermischte sich nun Fantasie und Gesehenes: Gewaltige Kräfte müssen die Erbauer von Stonehenge aufgebracht haben, um einen 50 Tonnen Monolithen zu bewegen und in die Erde einzupflanzen. Das waren vielleicht wirklich Riesen! Dann ritten sie auf weissen Pferden durch den Nebel davon… nach Avalon. «Let's get some stones for Avalon.» Mit diesem schrägen Song aus dem mystisch angehauchten Album Unicorn, das 1969 erschien, mischten sich nun die legendären Tyrannosaurus Rex (später T-Rex) ein. Unicorn: Das weisse Pferd von Uffington, ein prähistorisches, in den Hügel gekratztes Scharrbild, verwandelte sich jetzt in ein weisses Einhorn und galoppierte über den Hügel. Was sah da meine Fantasie? Alice sass auf dem Einhorn! Nun stimmte wieder alles: Alice, ein kleines Mädchen. Aber als sie den Zaubertrank einnimmt, der sich in der Flasche mit dem Etikett «Drink Me» befindet, wird sie zur Riesin. Hier lag wohl die Lösung: Alice im *Wunderland*. Alice, Alice. *Tür an Tür mit Alice*… Dieses Lied von Howard Carpendale hatte sich ganz unvermittelt aus verborgenen Hirnwindungen nach vorne gedrängt und erklang nun in meinem Kopf – ob mir das jetzt passte oder nicht:

Oh, ich weiss nicht, wo sie hingeht,
woran es liegen kann.
Sie hat wohl ihre Gründe,
und es geht mich auch nichts an.

Doch seit ewiger Zeit lebt' ich Tür an Tür mit Alice.
Es ist schwer –
Ich leb' nicht mehr Tür an Tür mit Alice…

Ja, warum hat denn dieser Zauderer ihr nie die eine Frage gestellt? Sie war seine Traumfrau, und er spricht sie nicht an? Na, vielleicht hätte dies ja auch mir passieren können… Mal nachdenken. Wo hat das alles angefangen? Ah ja, Alice im Wunderland! Wunderbares Märchen. Der Hutmacher, das Kaninchen mit der grossen Taschenuhr: «Hab keine Zeit, hab keine Zeit, muss geh'n, muss geh'n, muss geh'n!»

«…as Mister Kite flies through the ring, don't be late!»

Plötzlich schoss ich auf und schaute auf die Uhr: «Halb zwei. Wo sind wir? Habe ich Avebury verschlafen und verpasst?» Leise Panik ergriff mich. Ich war so lange weg gewesen auf meiner Reise durch die geistigen Welten, in Fantasien und Träumereien, dass es mir unmöglich schien, dass erst halb zwei war. Ich war überzeugt, dass ich Stunden in diesem Bus gefahren war. Ich fragte den Chauffeur, und der beruhigte mich. «Everything's allright, Mister, in ten minutes we'll arrive in Avebury.» Uff… Noch immer war ich überzeugt, dass es hätte später sein müssen. Es kam mir vor, wie wenn eine Zeitversetzung stattgefunden hätte: Ein Teil von mir – jener ausserhalb der Logik – war Stunden unterwegs gewesen, und der andere – der Fahrgast im local bus – schlief ganz normal im rüttelnden Car. Ganz normal? Was ist normal? Ich träumte, erlebte Fantastisches, das auf jener Ebene sehr real gewesen war. Es war ein seltsames Erlebnis, eine Innere Reise.

Immer noch leicht benommen, stieg ich dann in Avebury aus, einem winzigen Kaff, ein Hotel und ein paar Häuser an einer Landstrasse, welche mitten durch die riesige neolithische Anlage führt. Sie ist die grösste auf den britischen Inseln und besteht aus einem grossen äusseren und zwei kleinen inneren Kreisen, mit ursprünglich Hunderten von standing stones, von denen allerdings leider nur noch drei Dutzend stehen. Die inneren beiden Kreise, der

Nord- und der Südkreis, wurden um 2600 vor Christus erbaut; zusammen bilden sie eine liegende Acht – das Unendlichkeitszeichen. Der äussere grosse Kreis entstand um 2500 vor Christus und hat einen Umfang von 1200 Metern. Ich brauchte eine Dreiviertel-Stunde allein um den Wall zu umrunden. Die restlichen Steinreihen liess ich aus, es wurde mir zu viel. Denn um diesem gewaltigen Heiligtum gerecht zu werden, hätte ich mehr darüber wissen und mehr Zeit dafür einsetzen müssen. Das haben andere vor mir gemacht: Bei manchen der riesigen Menhire waren Münzen in eine Ritze gedrückt, und auf anderen Steinen lagen Kristalle und Blumen – Opfergaben von Pilgern, oder eher Pilgerinnen? Ich war berührt von diesen Gesten. In Avebury hatte ich keine weiteren Erlebnisse. Das wahre Abenteuer war während der Busfahrt dorthin geschehen.

Dann nahm ich den einzigen Nachmittags-Bus zurück nach Salisbury.

Am Abend ging ich im «Haunch of Venison» (= Rehkeule) essen, eine der ältesten Tavernen Englands, erbaut etwa 1320. Im ersten Stock servierte Fabian, ein Franzose. Mein Tisch stand schräg, der Boden war schräg! Der andere im «Geisterraum» ebenfalls. Ich wechselte die Räume, die alle unterschiedliche Niveaus hatten – anscheinend wegen der Sitte im Mittelalter, den Klerus gemäss ihrer Hierarchie zu platzieren. Nach dem Essen ging ich in die Bar, die noch über einen Zinntresen verfügt, der einzige noch existierende in England. Im Kamin brannte ein richtiges Feuer. Ich kam mit Roger ins Gespräch, einem Mann «born in Salisbury, and a poet», wie er sagte. Er schreibe Gedichte, am liebsten über Piraten.

Den Kopf voller Gedanken, schlenderte ich zum B&B und legte mich sogleich schlafen, um früh am nächsten Morgen nach Glastonbury zu reisen.

Nach Glastonbury!
Beim Frühstück fragt mich Mary, ob ich den Helikopter gehört hätte nachts um 1.30 Uhr? Sie meinte, die Polizei hätte jemanden verfolgt, sie wären direkt über dem Haus gewesen. Sie seien mit Infrarot ausgerüstet und sähen so, wo sich Leben rege. Na, haben sie mich gesucht, die mit dem schwarzen Helikopter …?

«The early bird catches the worm», sagte ich mir und nahm den ersten Bus, der nach Glastonbury fuhr, den «First Explorer». Ich sass hinten, erhöht, und sah mit Panorama-Blick alles, was eine Reise im Bus so zu bieten hat. Gemächlich brummt das Fahrzeug durch die Salisbury Plain. Der Fluss Avon, mild und lieblich fliesst er träge durch die Landschaft, überall Schafe und Pferde. Einmal ist er so breit, dass man die Ortschaft Longford, lange Furt, genannt hat. Schon bald kommen wir in eine Stadt namens Westbury, «town of the white horse», lese ich. Und richtig, beim Hinausfahren aus der Stadt erblicke ich plötzlich das riesige weisse Pferd, in den Abhang des Hügels gekratzt. Dies ist das älteste von verschiedenen weissen Pferden in Wiltshire, es wurde vor Jahrhunderten von der keltischen Bevölkerung angelegt, indem die Leute Grasnarben entfernten, bis der weisse Kalkfelsen zum Vorschein kam. In diesem Falle waren es die Umrisse eines Pferdes. Die englische Urbevölkerung hat an vielen Orten solche Scharrbilder geschaffen. Mir kam dabei ein gigantisches Bild in den Sinn, welches man den *Riesen von Cerne Abbas* nennt. Das ist ein nackter Mann mit erigiertem Penis und einer Keule in der Hand. Der Riese ist 55 m gross, allein der Phallus misst 7 Meter. Diesen Gedanken nachhängend, sass ich gemütlich im Bus, liess mich chauffieren und schaukeln und fühlte mich gut. Ich liebe es, in Lokalbussen zu fahren. Man sieht, wer ein- oder aussteigt, bemerkt, wie die Bevölkerung spricht und aussieht; alles in allem dünkt es mich immer wie ein Ausschnitt aus dem Leben eines Landes oder einer Gegend.

Je länger die Reise ging, desto öfter hielt der Bus an. Ich merke, dass wir inzwischen einen anderen Busfahrer bekommen hatten ... also muss ich mal eingeschlafen sein. Endlich kommen wir in Bath an, das schon von den Römern als Badestadt geschätzt wurde. – Umsteigen, dann Weiterfahrt nach Glastonbury. Im Bus auf der 163 nach Bridgewater, und immer weiter ins Landesinnere, durch die Grafschaft Somerset. In alten Zeiten wurde diese Gegend Sommerland genannt. Sommerland – wie schon früher erwähnt – ein magisches Wort für mich! In einem Dorf namens Elm Tree fällt mein Blick auf eine Tafel an einem Restaurant. Was!? Ja, wirklich: *Chish & Fips* stand da drauf. Nicht: Fish & Chips. Dieser *English humour* liess mich schmunzeln, und ich wurde wieder wach.

Dann endlich Glastonbury. Der Bus hält direkt vor der Abbey. In der Tourist Information lasse ich mir eine günstige Unterkunft suchen, nahe beim Zentrum. «Just follow Magdalene Street!» Magdalena – Maria Magdalena, das klingt gut in meinen Ohren. Eine Tafel in einem Schaufenster zeigt an, dass sich hier eine Magdalena-Kapelle befindet. Ich möchte aber zuerst zur Pension. Joanna heisst die Wirtin. Ich beziehe das Zimmer und mache mich danach auf den Weg zur *Magdalene Chapel. Open.* Durch ein kleines Tor trete ich ein und befinde mich unvermittelt in einem wunderschönen kleinen Garten mit allerlei Büschen, Blumen und Vögeln. Eine friedliche Stimmung liegt über diesem Ort, es ist wie eine kleine Welt für sich. Die Kapelle ist winzig, drei Kerzen brennen darin. Ein besticktes Kniekissen lädt zum Beten ein. Ich setze mich hin zum besinnlichen Da-Sein, formuliere auch ein, zwei Bitten. Sogleich verspüre ich wie ein Vibrieren im Herzen und das Gefühl einer Präsenz im Raum. Maria Magdalena? Das Göttliche zeigt sich in mannigfacher Weise: Erwarte ich einen Engel, zeigt es sich in einem Engel; erwarte ich Maria Magdalena, manifestiert es sich in ihr. Die Erscheinungsform dient mir nur als Hilfsmittel, mich mit dem Göttlichen zu verbinden, das ja weder Form noch Gesicht hat. ich war ganz einfach froh, an diesem Ort zu verweilen und fühlte mich wohl und wie zuhause.

Als ich aus dem Kapellchen hinaustrete, empfangen mich zwei jüngere, sehr freundliche Frauen. Es kam mir so vor, wie wenn sie hier wohnten. Alice, die eine, erzählte mir einiges über die Geschichte von Glastonbury, und Claire zeigte mir die umgewandelten Mönchs- oder Nonnen-Zellen, die heute anderweitig genutzt werden, z.B. als kleine Buchhandlung, Andenken-Laden usw.

Nach diesem unerwarteten, besinnlichen Einstieg in die Aura von Glastonbury beschliesse ich, zum Tor (keltisch = Hügel) zu laufen. Es sind etwa zwei Meilen, selbstverständlich will ich ihn besteigen. Seit Urzeiten schon war dieser Hügel ein Heiligtum. Es wird vermutet, dass er früher labyrinthisch begangen wurde, nicht auf dem kürzesten Weg. Ich nehme den «footpath to Tor» und muss durch manch altes rostiges Eisentor schlüpfen. Dahinter warten meist Kühe, neugierig, wer da kommt. Ich ersteige den Hügel von

Wasserbecken in Form der Vesica Piscis im Garten von Chalice Well, Glastonbury

der steileren Seite her. Oben ist es windig – und wie! Ich hatte Glück, auf der windgeschützten Seite aufsteigen zu können. Oben angelangt, verschlägt mir die Aussicht, nicht nur der Wind, fast den Atem. Das also ist *Avalon!* Hier entstand dieser Mythos. Ich stelle mir vor, all das Land ringsum sei unter Wasser – Marsche und Sümpfe, soweit das Auge reicht. Und daraus ragt der Tor, die Insel Avalon. Ich lege mich auf der windgeschützten Seite ins Gras und halte Zwiesprache mit dem Hügel, der die Göttin ist. Der Tor stellt die Grosse Göttin dar, die Gebärerin und Lebensspenderin. Der kleinere Hügel vor ihr ist das Kind, das sie soeben geboren hat. Der Mythos war in uralter Zeit entstanden, als in ganz Europa noch das Matriarchat herrschte. – Halt! Schon während des Schreibens fiel mir auf, wie falsch das Wort «herr-schen» im Zusammenhang mit Frauen-Power tönt… Also: als in ganz Europa noch das Matriarchat die gängige Gesellschaftsform war.

Ich liege bäuchlings und mit geschlossenen Augen im Gras, höre die Geräusche des Windes, der Vögel und Insekten. Es duftet genauso, wie es gerochen hat, als ich noch ein Kind war und im Gras lag. Wie gut das tut, einfach nur da zu sein und nichts Anderes zu wollen als im Gras zu liegen mit all seinen Sinnen.

Nach einer Weile steige ich die andere, sanftere Seite des Tor wieder hinunter. Der Wind ist weiterhin sehr stark. Schnell bringe ich den Abstieg hinter mich. Am Fusse des Hügels sehe ich das Schild «Chalice Well» (Kelch-Brunnen). Das war mein anderes Ziel hier in Glastonbury: *Chalice,* der Kelch, der Gral. *Chalice Well* ist ein schönes Landhaus mit Garten und Quellen, ein Ort des Friedens und der Ruhe, wie ich schon von vielen gehört hatte. Ich kaufe ein Ticket und trete ein. Was für ein wunderschöner Ort! Grüne Wiesen voller Blumen, gesäumt von prächtigen Bäumen – und mittendurch fliesst die rostrote Quelle, die *Chalice Well.* Der Hain echot von Vogelgezwitscher. Die wenigen Leute, meist Frauen, wandern still oder liegen im Gras. Ich bin erstaunt über die Ruhe und den Frieden, der von diesem magischen Anwesen ausstrahlt. Die Präsenz der Grossen Göttin? Was ich damals noch nicht wusste: Es war hier, wo John Lennon sein unsterbliches «Imagine» komponierte:

Imagine all the people
Living life in peace.

In ganz Glastonbury, wohin man schaut, Reminiszenzen an oder Hinweise auf SIE, die Göttin, ja das Weibliche an sich: ob in *Chalice Well,* den zahllosen esoterischen Läden, auch Restaurants und sogar den Klosterruinen. Hier wurde sie vor Jahrtausenden verehrt, dann verbannt und vergessen – und hier feiert sie schon seit Jahren ihre triumphale Rückkehr.

Ich bade meine Beine im «Healing Pond», eiskalt ist das rostrote eisenhaltige Wasser. Weiter oben sprudelt Wasser zum Trinken aus einem Löwenkopf. Ich trinke und wasche mir Gesicht und Hände. Noch ein Stück weiter oben in der Anlage befindet sich die Quelle, die schon in keltischen Zeiten gefasst wurde. Ich höre es glucksen tief unten in der Erde. Ein runder Brunnen aus grossen Steinen wurde damals gemauert. Heute schliesst ein Eisendeckel aus neuerer Zeit den Schacht ab. Er ist verziert mit dem Symbol der «Vesica piscis», der Fischblase aus der heiligen Geometrie: Das ist eine Ellipse, gebildet aus zwei sich überschneidenden Kreisen, dem Ur-Symbol für das Weibliche, die Mandorla, die Vagina. – Tief unten im Schacht fand man den Strunk einer Eibe, dort unten war also das frühere Boden-Niveau. Heute stehen Eiben im Garten von *Chalice Well*.

Am nächsten Morgen, gleich nach dem Frühstück ziehe ich los auf den Wearyall Hill. Der Legende nach ist das der Platz, an dem *Joseph von Arimathäa* 63 n. Chr. zuerst seinen Fuss an Land setzte, als er von Palästina nach England kam. *Wearyall Hill* und der *Tor* ragten damals aus dem Meer empor, das sich viel weiter landeinwärts erstreckte als heute. Joseph stiess seinen Wanderstab in die Erde, den Stamm eines Dornbuschs aus dem Heiligen Land. Dieser trieb Wurzeln und blüht seitdem zweimal im Jahr: im Mai,

Templer in der Mandorla (Vesica Piscis): Tempelritter in der Abtei von Glastonbury (12. Jh.). Die Abtei steht an dem Ort, wo der Sage nach schon im 2. Jahrhundert die erste christliche Kirche auf englischem Boden gestanden haben soll, gegründet von Joseph von Arimathäa.

wenn alles blüht, und ein zweites Mal im Dezember, wenn er in Palästina blüht. (Diesen Baum gibt es inzwischen nicht mehr: Vandalen haben ihn im Jahre 2010 abgesägt) Joseph von Arimathäa war ein reicher Jude und Freund der Familie um Jesus. Der Legende nach hatte er in einem Kelch das Blut Jesu aufgefangen, das aus seiner Seitenwunde floss. Dieser Kelch wurde später der Gral genannt: von *sang real* (= königliches Blut) über *san greal* zu heiliger Gral. – Wie auch immer, Joseph schien eine charismatische Persönlichkeit gewesen zu sein, der auch die einheimische Bevölkerung beeindruckte. Sie schenkten ihm ein Stück Land, worauf schon kurz darauf die erste christliche Siedlung in Britannien entstanden sein soll.

Das Gras war noch feucht vom Tau, obwohl die Sonne schon stark schien. Es war ruhig und windstill, ein wunderbarer Moment um zu meditieren. Ich setzte mich mit der Landschaft in Verbindung und sah vor mir all die keltischen Glaubensboten, Columba, Kolumban, Gallus, Ursicinus und Hunderte Anderer, wie sie damals durch die Lande zogen, zu Fuss und per Schiff. Sie erreichten alle wichtigen Städte und Orte in Europa, dazu gründeten sie neue Plätze in der Wildnis und scharten Anhänger um sich. Ich sah all die Wege und Verbindungen zu Anlagen und Kultstätten, die heute heilige Orte sind: Pilgerorte, Kathedralen, Einsiedeleien, Klöster. Ausgegangen ist dieses Netz von einzelnen Menschen, Wandermönchen, die so voller Feuer waren, dass sie die Urbevölkerung für den neuen Glauben begeistern konnten. Der alte Glaube musste weichen, was nicht ohne Kämpfe vor sich ging. Symbolisch wurde diese Zeit des Wandels dargestellt in der Artus-Sage und späteren Gralsgeschichte. Diese Urbevölkerung existiert noch heute: Ich sitze gerade unter den Nachkommen dieser Menschen, im «King William's Inn». Sie haben sich nicht gross verändert seit damals, nur dass sie heute anders gekleidet sind und Handys haben. Sie besitzen eine gutmütige Ausstrahlung, lieben die Musik und streicheln die rote Katze, die neben ihnen auf einem Barhocker sitzt.

Nach dem *Wearyall*-Hügel habe ich die Abtei besichtigt, Ruinen auf einem weitläufigen Gelände. Die ehemalige Benediktiner-Abtei wurde wahrscheinlich im 6. Jahrhundert erbaut, hat viele Aufs und Abs erlebt und wurde 1539 unter Heinrich VIII. aufgelöst und zerstört. – Auf dem Klostergelände befindet sich ein anderer Ableger des «thorn», des Dornbusches von Joseph von Arimathäa. Und er blühte! Im Mai des Jahres 2003. – Am meisten beeindruckt hat mich aber die *Lady Chapel*. Sie stammt aus dem 12./13. Jahrhundert. Auf den Friesenreliefs habe ich *Tempel-Ritter* bemerkt. Diese Verbindung von der Lady (der Dame) und den Templern ist einleuchtend, haben doch erst die

Tempelritter den Kult um Maria und Maria Magdalena im 12. Jahrhundert nach Europa gebracht. Auch ist bekannt, dass die Templer während Jahren unter dem zerstörten Tempel von Jerusalem gegraben haben – daher auch ihr Name. Sie sollen dort unten «grosse Geheimnisse» gefunden haben, unter anderem Schriften über die heilige Geometrie (die ursprünglich aus Ägypten stammt, aber später beim Bau des grossen Tempels von Jerusalem angewandt worden war). Daher darf man die Templer auch als die eigentlichen Initiatoren der Gotik bezeichnen, denn sie brachten dem Abendland das architektonische Wissen, welches die Baumeister zum Bau der grossen Kathedralen inspirierte. Wie auf ein geheimes Kommando war plötzlich die Ära der Gotik da und wichen die eher schwerfälligen Bauten der Romanik den himmelstürmenden filigranen gotischen Kathedralen. In diesem Sinne waren sie durchaus auch Eingeweihte, waren sie doch in geheimes Wissen eingeweiht, das sie wiederentdeckten und nach Europa brachten. Diese Überlieferungen leben übrigens in den meisten Logen der Freimaurer noch heute weiter.

Haben die Tempelritter etwa auch den Dornbusch mitgebracht aus dem Heiligen Land? Clever genug wären sie gewesen, um so eine Geschichte zu initiieren… Das Hauptanliegen der Templer jedoch war der Kult um *Maria Magdalena* und das streng gehütete Geheimnis, dass sie und Jesus verheiratet gewesen seien und Nachkommen gezeugt haben sollen. Diese Überlieferung war aber so ketzerisch und gefährlich, dass man sie weder aussprechen noch aufschreiben durfte. Deshalb wurde sie verschlüsselt weitergegeben in der Geschichte des Heiligen Gral, in den Liedern der trobadors und Minnesänger, in Gemälden eingeweihter Künstler und eben in den gotischen Kathedralen, die wahre Bibliotheken jenes Geheimwissens sind! Chartres ist wohl die bekannteste von allen.

All diese Tagträumereien waren ausgelöst worden durch ein paar Stein-Reliefs von Tempelrittern oben am Fries in der Lady Chapel… Stimmen von Besuchern hatten mich wieder ins Hier und Jetzt geholt, und so strebte ich dem Ausgang der Abtei zu, noch ganz erfüllt von jenem Ausflug in längst vergangene Zeiten. – Längs der Abtei verläuft die Magdalene Street mit der *St. Patrick's Chapel* und den ehemaligen *almshouses* (Almosenhäusern). Maria Magdalena war für die almshouses der Männer zuständig und St. Patrick für jene der Frauen. Wie weise! Die Leute, die das eingerichtet haben, waren wohl bewandert in angewandter Psychologie: Mann und Frau, Anima und Animus, *the marriage of male & female,* all dies vereint im *Chalice* (dem Kelch) mit dem Symbol der *Vesica piscis.* – Die Information über die Almosenhäuser verdanke ich Alice, jener freundlichen Frau aus der Magdalene Chapel. Anschliessend besuchte ich ein paar der unzähligen esoterischen Läden und kaufte da ein Buch, dort ein paar Kitsch-, äh Kunstkarten. All die Flyers und Plakate, die mich zu Göttinnen-Seminaren und spirituell angehauchten Konzerten einluden, studierte ich eingehend. Und ging nicht hin, weil meine Zeit in Glastonbury am Ablaufen war… Aber eine Tafel auf dem Gehsteig lud mich ein: *warm food being served now!* Es gab *homemade beef stew with mashed potatoes.* Und dazu *a glass of wine.* Vorzüglich – eine Mahlzeit, wie sie wahrscheinlich schon die Grand'Ma des Wirts zubereitet hatte.

What a place, Glastonbury! Geheimnisvoll, historisch und sehr lebendig.

Heute ist Samstag, der 10. Mai und ich nehme mein letztes Frühstück in Glastonbury bei Joanna ein, d.h. ihr spanischer Mann Antonio bereitet es. In der Zwischenzeit lese ich in einem kleinen Büchlein, das ich in der Hausbibliothek gefunden habe, «The Chalice Well – Glastonbury» von Wellesley Tudor Pole. Dieser Visionär, Spiritualist und Gralsucher hatte die Quelle im Jahre 1909 wiederentdeckt. Damals gehörte das Haus einem Nonnenorden. Pole war ganz berührt vom Frieden und der Ausstrahlung der Anlage. Es sollte aber noch über fünfzig Jahre dauern, bis seine Vision sich realisierte, dass dort ein Ort entstehe, offen für Friedenssuchende aus aller Welt.

Ich zitiere einen Abschnitt aus dem Schlusswort des Büchleins, der mich besonders ansprach:

«The curious fact emerges that the underlying mystery of both Graal and Chalice is remarkably similar.»

Die Worte Tudor Poles in meiner Übersetzung:

«Als seltsame Tatsache stellt sich heraus, dass das Mysterium, das sowohl hinter dem Gral als auch dem Kelch liegt, sich bemerkenswert ähnlich ist.
Beide enthalten das Wasser des Lebens, aus beiden fliesst Heilung, und die Verbindung mit Tod und Auferstehung ist beiden gemeinsam. So vereinigt Chalice Well Ideen in sich, von denen alle Menschen tiefe spirituelle Weisheit, Heilung und Inspiration erlangen können. Hinter dem Symbol steht die Wahrheit, und diese soll in der Tat allen zukünftigen Parzivals und Galahads und all den Reinen im Herzen enthüllt werden.»

Im 13. Jahrhundert, als die Gralsgeschichte ihre Hochblüte feierte, wurde dieses Symbol, die Vesica piscis (lat. Fischblase), geschaffen. Sie stammt aus der Heiligen Geometrie und stellt die Vulva der Göttin dar. Im christlichen Kulturkreis wird sie auch verwendet und heisst dort Mandorla (Mandel):

Tudor Pole hat noch eine weitere Erklärung für die *Vesica piscis:* Sie sei das Symbol für die blutige Lanze, mit der Jesu Seite durchstochen worden war, sowie für die sichtbaren und unsichtbaren Welten, die miteinander verbunden sind.

(Chalice Well – Glastonbury, von W. Tudor Pole)

Goodbye then and thank you!

Ich warte auf den 9-Uhr-Bus. Es regnet das erste Mal, seit ich in England bin. Das Auto vom Bäcker fährt vorbei, «burns the Bread» steht drauf – ach, dieser wunderbare *English humour!* Dann kommt er, mein geschätzter *local bus.* Schon bald sind wir in Wells, umsteigen nach Bath. Die Fahrt dauert lange: unzählige *bus stops,* in jeder zweiten Somerset-Gemeinde – eben ein *local bus...* Im historischen Bath mit seinem römischen Bad überlege ich, ob ich hier schlafen soll und morgen erst nach London mit dem «National Express»? Doch die B & Bs sind mir zu teuer; und nochmals eine Kathedrale besichtigen? Wozu? Auch ist mir die Stadt zu «busy» nach den friedlichen Eindrücken in Glastonbury. Also was soll ich in Bath? Ich beschliesse, etwas zu Mittag zu essen und dann nach Salisbury zurück zu fahren. Noch einen letzten Kaffee im Busbahnhof. Ein alter Stadtstreicher in Army-Kleidern kauft *two cups of tea.* Er hat einen kleinen weissen Hund. Der sitzt auf einem Lumpen am Boden und hat ein Mäntelchen an. Die eine Tasse Tee stellt der Mann auf den Boden für seinen Freund, den Hund.

Die 2 ½ Stunden südwärts mit dem Bus bringen es! Ich sitze zuvorderst und schaue hinaus. Wenn er hält, sehe ich, wer ein- und wer aussteigt. Jeder, ob Jung oder Alt, unterhält sich mit dem Chauffeur, und keine Person steigt aus dem Bus, ohne einen freundlichen Satz im lustigen Dialekt mit dem rollenden «R» zu platzieren. – Wir fahren durch Wiltshire, alles ist grün, helles Grün, manchmal aufgelockert durch die gelben Hopfenfelder. Deren betörender Duft dringt ins Innere vom Bus und erzählt uns vom Leben draussen, von blühenden Feldern und Bienen.

Die letzte Nacht in Salisbury verbringe ich im *Youth Hostel*, weil es nahe beim Busbahnhof liegt. Meine Pilgerreise geht zu Ende. Ein Gefühl der Dankbarkeit stellt sich ein, dass ich so viel erleben durfte in einer einzigen Woche. Und dem Göttlichen wie dem Menschlichen so nahe gekommen war an einigen Plätzen. Das Gefühl daran und die Erinnerung nehme ich mit nach Hause und in mein Leben.

Hier, liebe Leserin, lieber Leser, gibt es plötzlich einen Hiatus, so etwas wie einen Hick in der Schallplatte. Und zwar weil eine meiner Lektorinnen – Mona, der ich dieses Buch gewidmet habe – folgende Bemerkung an den Rand schrieb:

«Sehr ausführlicher Reisebericht... Schön. – Hast du eine Ahnung, was es mit deinen Vor-Leben zu tun hat?»

Darüber musste ich erst einmal eine Weile nachdenken. Dann das Kapitel nochmals lesen.

Du hast recht, Mona: Mit meinen früheren Leben hat es nichts zu tun. Warum also habe ich es in mein Buch aufgenommen? Den Hauptgrund habe ich zu Anfang des Kapitels angedeutet: Endlich war ich in Somerset, im Sommerland! Allein der Name rührt etwas ganz tief in mir an. «Sommerland» ist für mich wie ein Echo aus früheren Zeiten. Dazu noch die Magie von uralten Plätzen wie Glastonbury/Avalon mit dem Grals-Thema. Besser kann ich diese Frage leider nicht beantworten. Vielleicht gelingt es eher mit einer Gegen-Frage? Ich stelle sie mit einem zwinkernden Auge:

Bescherte mir diese Reise so intensive und mystische Ausflüge, damit ich mich noch in meinem nächsten Leben daran erinnern werde?

So viel also zu meinen Erlebnissen in Somerset im Jahr 2003. Erlauben Sie mir nun, nochmals ins Sommerland zu reisen. Dieses Mal jedoch über ein anderes Medium – das Tarot.

Sommerland

Manchmal braucht es zur Lösung eines Rätsels eine lange Zeit – Jahre, Jahrzehnte, ein ganzes Leben…

Im April 2021 entdeckte ich zum Thema Sommerland etwas sehr Interessantes. Und zwar als ich ein Tarot legte. Ich zog die Karte *XX. Karma* (in anderen Decks «Das Gericht» genannt. Ich bevorzuge seit vielen Jahren «The Tarot of the Old Path/Das Tarot der Weisen Frauen»).

In der Beschreibung zu dieser vielschichtigen Karte heisst es unter anderem: «Die astrale Ebene ist plastisch und veränderlich. Auf dieser Ebene findet die meiste Magie statt. Darüber liegt die Ebene, die zur inneren Dimension der Luft in Beziehung steht. Hier erhält die Seele einen Heiligenschein aus Licht. Es ist die Ebene des Seins und nicht des Tuns. *Die Anhänger des Alten Weges nennen es das Sommerland.* Eine Seele ist zu sehen, die sich mit der Göttin unterhält. Diese trägt die Hörner des Mondes und das Halsband der Wiedergeburt. Der Gott hat das Licht der Sonne im Rücken.»

Hier war es also wieder: das Sommerland! So nahe, dünkte mich, war ich noch nie dran. Die astrale Ebene also…

Aber kommen wir zurück auf den Boden unserer guten alten Mutter Erde. Nicht mehr esoterisch, sondern musikalisch. Hier geht es um die:

Sons of Somerled

Keltische, schottische, irische Musik fasziniert mich seit vielen Jahren. 2010 erschien eine CD von *Steve McDonald,* einem meiner *favourites,* mit dem Titel *Sons of Somerled.*

Somerled!
Ich war sofort elektrisiert. Da war der Sommer wieder. Das CD-Booklet enthielt ausser den Liedtexten nichts Geschichtliches oder Biografisches. Nach Wikipedia war Somerled ein schottischer König mit Wikingerwurzeln, der von etwa 1100 bis 1164 gelebt hatte. Somerled war ein Wikingerwort und bedeutet «Sommerreisender». Warum er so hiess – darüber wird nichts verraten. Vielleicht weil er der war, der südwärts zog, in den Sommer?

Nachdem er 1156 und 1158 zwei grosse Seeschlachten gewonnen hatte und seinen Gegner Goraidh zur Flucht nach Norwegen zwang, wurde er

Dieser kleine Bau ist das älteste noch stehende Gebäude auf der kleinen Mönchs-Insel Iona im Westen Schottlands und gilt als Grabstätte des berühmten Kriegsherrn Somerled (gest. 1164). Im Juni 2012 besuchten Mona und ich auf einer Schottland-Rundreise diese Insel und die Abtei, welche 563 vom irischen Mönch Columba gegründet wurde.

Herrscher über ganz Schottland – von der Hebriden-Insel *Isle of Lewis* im obersten Norden bis zur *Isle of Man* im Süden, welche Insel auf der Höhe zwischen Nordbritannien und Nordirland liegt. Der «Sommer-Reisende» war ein grosser schottischer König mit Wikingerwurzeln.

Wikipedia:

«Wikinger und Schotten wurden so unter einem einzigen Herrscher vereinigt und bildeten eine einheitliche Kultur und Gesellschaftsstruktur. Es wuchs ein kraftvolles neues Volk heran, das man die Gall-Gaidheal (Fremde-Gälen) nannte. Sie herrschten auf den Meeren unter dem König der Inseln.»

Da bestand also eine Verbindung zwischen «Wikinger» und «Sommerland». Zwar nicht mit Somerset, aber seines Namens wegen war er der Mann mit einem Hang nach Süden: Sommer-Reisender. Und er lebte im 12. Jahrhundert in Schottland. Einer meiner frühen Vorfahren väterlicherseits war Wikinger und lebte im Vereinigten Königreich Schottland im 10./11. Jahrhundert. Das war die Zeit vor dem grossen Somerled. Aber beide gehörten sie demselben Volk an, und sie lebten im gleichen Land.

Ich stellte mir nun die Frage: Wie kam mein Wikinger nach Uri?

Schotten in Uri und Urner
in Schottland

Wie kam mein Wikinger nach Uri? Darüber habe ich einige Spekulationen angestellt, jedoch bald gemerkt: das ist uferlos. Zwei, drei Beispiele mögen genügen. Er, bzw. seine Nachfahren (Söhne), könnten im Laufe der Zeit südwärts gezogen sein; oder einer von ihnen ist als Söldner nach Europa, nach Italien gezogen. Einen möglichen Schlüssel habe ich sinnigerweise in einem Buch gefunden, welches ein direkter Vorfahre meiner Familie, der Schmid von Uri, im 18. Jahrhundert geschrieben hat:

Franz Vinzenz Schmid,
Allgemeine Geschichte des Freystaats Ury (1788)
Die Informationen von Landschreiber und Chronist Schmid habe ich in meinem Buch «Die Schmid von Uri» verarbeitet. Daraus zitiere ich die folgenden Zeilen (S. 270 ff.):

«Fasziniert hat mich das Kapitel über die Herkunft der Urner. Schmid nennt die *Taurisker* als jene Urbevölkerung, die «die Urbarmachung des heutigen Urnerlandes ertrozt» hatten. Wer sind diese «keine Unmöglichkeit kennenden Taurisker»? (Seiten 97 ff.)

Von den Römern mehrfach in Schlachten besiegt, musste der keltische Stamm der Taurisker immer wieder ausweichen, so 225 v. Chr. bei Telamon, worauf sie sich in Turin (Taurini) niederliessen.

13 v. Chr. wurden sie durch Drusus unterworfen und wanderten nun in die Alpen aus: ins heutige Österreich *(Tauern)* und über den Gotthard ins heutige Uri: *Tauriszien.*

Schmid schreibt weiter:
«Es bleibt mir gänzlich ein Räthsel, wann der Volksnamen Taurisker sich in den der *Urner* verwandelt habe. Dem sey wie ihm wolle, die Wortbedeutung des eint- und andern scheint mir die nämliche.»

Auch mir scheint es naheliegend: TAURISKER = TAURISCI = TA-*URI*-SKER. Der Kern des Wortes ist Uri. Genial, diese Schlussfolgerung des Franz Vinzenz!

Nochmals Schmid:

«Obgleich die Taurisker in heidnischer Blindheit steckten, so war doch ihr Geist soweit aufgeklärt, dass sie nicht Thiere, oder andere unedle Dinge für Gottheiten annahmen. Sie betheten freylich auf der Spitze des Gothards ein erschaffenes Wesen, aber auch unter allen Geschöpfen das wohlthätigste, das entzückendste, die *goldene Sonne an*.»

Als 560 das Ostgotische Reich in Italien seine Endzeit erreicht hatte, suchten auch die Goten Schutz «im schauervollen Gebürge», suchten «Freystädte und Lust des Lebens». So gelangten sie «in den Staat der *Tauriskern*, von welchen sie würdig genug geschäzt wurden, zu Brüdern und Landleuten aufgenommen zu werden; und also bekam … *Tauriszien* einen glücklichen Zuwachs neuer schätzbarer Landeinsassen.» Von den keltischen Tauriskern und den *Goten* also stammen die Urner ab! Schmid zitiert Suanet: «Es ist die alte Kraft und Macht, die gleiche Freyheit in ungeschwächten Gliedern. Niemand hats *Ury* im Schlachtfelde an; Niemand führt schärfere Waffen! So besingt der belorberte Suanet den Ruhm und die Sitten des Landes Ury.»

Soweit Franz Vinzenz Schmid zur Herkunft der Urner. Vielleicht könnten diese Mitteilungen auch zur Antwort meiner Frage führen: Wie kommt ein Schotte nach Uri?

Geheimtipp Uri

Uri schien damals, um 560, ein Geheimtipp gewesen zu sein für verfolgte Keltenstämme und andere Bedrängte. Durch die Vermischung mit der einheimischen Bevölkerung entstand ein starkes Volk: die Urner. Davon mag 500 Jahre später ein versprengter schottischer Söldner auch gehört haben: so machte er sich auf, das gewaltige «Gebürge» des *Gothard* zu überqueren, um Zuflucht im Tauriskerland Uri zu finden. Zu seiner Verblüffung stiess dieser Wikinger ennet dem Gotthard auf gälisch-sprechende Kelten! Seine Verwandten aus älteren Zeiten.

An dieser Stelle möchte ich einen Traum erzählen, den «Schottentraum», wie ich ihn nenne.

Mona und ich unternahmen im Mai/Juni 2012 eine vierwöchige Rundreise in Schottland, da wir – nach Irland im Jahre 2008 – unsere grossen Ferien wieder in einem keltischen Gebiet verbringen wollten. In Edinburgh mieteten wir ein Auto und fuhren der Ostküste entlang bis in den obersten Norden, dann westwärts wieder hinunter nach Süden. Es war schon gegen Schluss unserer Reise, da machten wir Station in der Stadt Sterling und schliefen eine Nacht im B&B von Jim McGregor und seiner Frau. Denn auf meinem Programm stand schon seit langem ein Name: *Bannockburn*. Nach den traurigen Schlachtorten *Culloden* und *Glencoe* wollte ich unbedingt diese Stätte besichtigen, weil dort die Schotten im Jahr 1314 einen entscheidenden Sieg über die Engländer errangen. Wir besichtigten die Örtlichkeit – ein stolzer Ort! Hier ging es damals um die Freiheit, um Leben oder Tod. Am 23. und 24. Juni 1314 errang das schottische Heer unter ihrem König *Robert the Bruce* den Sieg über die zahlenmässig überlegenen Engländer unter *Eduard II.* Noch heute strahlt Bannockburn die Freude und den Stolz über die errungene Freiheit aus – ein heiterer Ort mit wehender Schottenflagge.

In der folgenden Nacht (am 18. Juni) hatte ich einen Traum, einen dieser realistischen, die auch nach dem Erwachen noch ganz lebendig und farbig sind:

Mir träumte, ich sei ein Schotte, ein jüngerer Mann aus einer früheren Zeit (dies *wusste* ich ganz einfach, vielleicht auch aufgrund der sehr einfachen Einrichtung und Möbel). *Ich war nicht ich, Chris. Ich war der schottische Jüngling, fühlte und dachte wie er. Wie ich hiess, war mir nicht bewusst. Aber ich hatte kein Christian-Bewusstsein wie sonst in meinen Träumen, sondern jenes des jungen schottischen Mannes.*

Wir, eine schottische Familie, sassen am Küchentisch: die Mutter, ein paar jüngere Kinder und ich; ein Vater war nicht da. Und nichts Aussergewöhnliches passierte.

Es war ein unspektakulärer Traum, der eine Alltagssituation aus einer früheren Zeit in Schottland abbildete. Aber als ich erwachte, war ich völlig verwirrt: Mir wurde bewusst, dass ich zwei verschiedene Personen in einem Körper war. Ich erwachte als Christian und war doch soeben noch dieser junge Schotte gewesen. Auch er war ICH. Und ich war er. – Als ich den Traum Mona erzählte, kam uns das seltsame Erlebnis in den Sinn, das Mona in Oban gehabt hatte:

Als wir zurück von der Mönchsinsel Iona kamen, bezogen wir wieder dasselbe B&B wie vorher: *Dana Villa.* Ich hatte diese Herberge nur des Namens wegen gewählt: Dana ist die grosse Göttin der keltischen und schon vorkeltischen, steinzeitlichen Völker. Als Mona und ich uns bereit machten für den abendlichen Ausgang, begaben wir uns beide ins Bad unseres Zimmers. Plötzlich sagte sie zu mir:

«Du, im Spiegel habe ich dich soeben im Kilt gesehen!»

Als ich in den Spiegel schaute, sah ich mich ganz profan schweizerisch ge-kleidet…

Aber nun, nach dem «Schottentraum», bekam dieses Erlebnis von Mona einen neuen Sinn.

Ja – alles Spekulationen. Aber durchaus interessante, nicht wahr? In einem Fall löste ein einziges Wort (das schottische «Yee» für You) einen Gefühls-schwall aus und katapultierte mich ebenfalls in ein Leben nach Schottland. Und das kam so:

Als ich 1969 in London in der Eurocentre School war, sangen wir im Sing-Song jeweils englische und schottische Volkslieder. Eines, das der Direktor der Schule gerne mit uns sang, war das schottische Traditional «The Bonnie

Schottischer Krieger, der die B&Bs in Oban (an der Westküste Schottlands) verteidigt, unter anderem das Dana Villa, wo wir nächtigten und wo Mona mich mit einem Kilt im Spiegel sah.

Banks of Loch Lomond», das schon beim ersten Hören zu meinem favourite wurde. Der Refrain geht so:

Oh, you'll take the high road and I'll take the low
I'll be in Scotland afore you
but me and my true love will never meet again
by the bonnie, bonnie banks of Loch Lomond

Fünfzig Jahre später, im Frühjahr 2019, stiess ich in YouTube zufällig auf eine Version dieses Liedes, gesungen vom schottischen Duo The Corries, einer Gruppe, die ich bislang nur dem Namen nach kannte. Stimme und Idiom von Sänger Roy Williamson nahmen mich sogleich gefangen, ich war ganz Ohr. So wie es aussah, fand dieser Auftritt in einem kleinen schottischen Kellertheater statt. Als der Refrain kam, sang das Publikum mit. Ich erwartete zu hören:

I'll be in Scotland afore you,
aber die Leute sangen:
I'll be in Scotland afore yee.

Als ich das Wort Yee hörte, stürzte mit voller Wucht etwas auf mich ein: Erkenntnis, Freude, Trauer, Heimweh. Daheim! Das war meine Sprache! Ich erkannte sie an dem kleinen Wörtchen *Yee* – Du. Dir. Dich. In diesem Moment war ich wieder der junge Schotte am Familientisch, aus meinem Traum, den ich in Stirling hatte. Und in dem nichts passierte, ausser dass ich eben jener Schotte war, und nicht Christian Schmid aus der Schweiz. Tränen schossen mir in die Augen – weshalb? Vor Freude, endlich wieder daheim zu sein? Daheim, bei meinen Leuten, meiner Sprache…

Über Thurso oben im Norden Schottlands fuhren Mona und ich Meile um Meile durch das wilde, einsame Nordwest-Hochland und gelangten an den Loch Eriboll, eigentlich ein breiter Meeresarm. An einem Rastplatz hoch über dem Loch lasen wir auf einer Gedenktafel, dass bei einem tragischen Schiffsunglück sämtliche Seeleute, alles Angehörige der McKeys, ertrunken seien. Als ich fotografieren wollte, sprang mir der Auslöser unter dem Finger weg – trotz längeren Suchens fand ich ihn nicht mehr. Da flog eine dicke Hummel herbei und umkreiste eine ganze Weile Monas Hosenbein. Was sagt die Hummel? *Lebt unbeschwert und öffnet euch für das Wunder!* (Gedanken aus Regula Meyers Buch «tierisch gut»)

Und zu mir persönlich meinte sie: *Lass doch den Fotoapparat einfach mal weg, und schau dich mit deinen Augen um! Brumm.*

In einem kleinen Weiler von nur drei Häusern übernachteten wir im B&B von Donny & Katie. Donny lud uns in die gute Stube ein und erzählte uns einiges über die regionale Geschichte. 1945 musste sich hier ein Teil der deutschen U-Boot-Flotte ergeben. Die Boote wurden versenkt. Nachts um 3 Uhr erwachte ich und erblickte vor meinem geistigen Auge die deutschen U-Boote heranschwimmen, dann sah ich das Schiffsunglück der McKeys und all die ertrunkenen Seeleute. Daraufhin kamen Leprachauns, Trolle, Klabautermänner – und Freund Hein. Eine schwarze Gestalt zeigte sich über der See, die immer grösser und grösser wurde. Da traf mich die Erkenntnis: Du darfst den Tod nie fragen *Warum?* – Der Sensenmann hat seit Urzeiten all die Menschen abgeholt, für die es an der Zeit war. Und er wird dies auch weiterhin tun.

Unser B&B mit Blick auf Loch Eriboll, wo im 2.Weltkrieg deutsche U-Boote versenkt wurden.

Nach diesem Ausflug in schottische Landschaften und Zeiten möchte ich euch ins Hochmittelalter entführen, und zwar zu den Templern.

Tempelritter, um 1200

Samstag, 6. August 2016, 7 Uhr
(Auszug aus dem Tagebuch)

«Von Freitag auf Samstag habe ich bei Freund Hansueli übernachtet. Wir veranstalteten wieder einmal ein Männerwochenende. Im Laufe des Abends schenkte er mir eine hübsche kleine Dose mit einem Malteserkreuz auf dem Deckel, die er kürzlich von Malta mitgebracht hatte. Nach einem anregenden Abend begaben wir uns ziemlich spät zu Bett.

Früh am Samstagmorgen erwache ich, weil jemand mich anschreit.

«Du bist ein Templer und kein Malteser!»

Ich erschrak, aber mir war auch sofort klar, wer da geschrien hatte. Es war mein Templermeister aus einer längst vergangenen Zeit. Ich sah ihn nicht, dennoch kannte, erkannte ich ihn.

Sofort legte ich die Malteserdose auf den Tisch zurück.

Als später Hansueli von seinem Zimmer herunterkam, erzählte ich ihm die Geschichte. Und warum ich sein Geschenk nicht annehmen konnte, sondern ihm zurückgeben musste.

«Da isch scho guet», meinte er nur lakonisch.»

(Geschichtliche Anmerkung: Die Malteser – ursprünglich Johanniter – erbten einen Teil der Güter des zerschlagenen Templerordens.)

Mehr weiss ich leider nicht zu erzählen über jenes Templerleben. Ausser dass mich seit meinen jungen Jahren die Tempelritter zu interessieren begannen und ich alles darüber las, was ich erhalten konnte. Später, als ich mit meiner damaligen Partnerin Marlen für ein paar Jahre nach Südfrankreich auswanderte, zogen wir mitten ins Templergebiet: in die Gegend des Plateau du Larzac mit seinen zahlreichen Templerkomtureien und dem Templerstädtchen La Couvertoirade. Das Thema dieses geheimnisumwitterten Ordens hat mich bis heute nicht losgelassen, und inzwischen bin ich ihren Spuren in vielen Gegenden Europas nachgegangen. Dieser militante Mönchsorden hat Europa geprägt und verändert: auch die Gotik hätte es ohne ihn nicht gegeben.

Noch eine Begebenheit in diesem Zusammenhang will ich erzählen, weil sie mich so faszinierte. An einem Parapsychologie-Kongress, zu dem die Zeitschrift *esotera* mich 1979 als Berichterstatter geschickt hatte, lernte ich den Referenten Alain Gadmer kennen. Ein äusserst interessanter Mensch. Nach seinen Worten war er Abkömmling des Geschlechts der Merowinger, sowie Theologe, Ägyptologe, Geister- und Ufo-Forscher. Am Abend nach dem Nachtessen erzählte er in der Runde ein Erlebnis, das er in der Templerstadt La Couvertoirade hatte. Auf dem dortigen Friedhof befindet sich ein steinerner Sarkophag, der aus Templerzeiten stammt. Da Alain wusste (woher wusste er es?), dass dies ein Einweihungs-Sarkophag und nicht eine Grabstätte war, wollte er mit diesem ein Experiment ausführen. Eines Nachts bei Vollmond legte er sich in diesen kalten Stein-Behälter, schloss die Augen und begann zu meditieren. Nach einer gewissen Zeit sei er aus dem Körper ausgetreten und habe sich in die Lüfte geschwungen wie ein Vogel. Er sei über die Hochebene geflogen und habe die ganze weite Landschaft überblicken können. Dieser Flug sei faszinierend gewesen, aber viel mehr sei nicht passiert. Danach sei er in seinen Körper und den Sarkophag zurückgekehrt. So hat er es uns erzählt.

Das Austreten aus dem Körper sowie das Fliegen über die Landschaft wie ein Vogel hat mich an Castanedas Bücher über den mexikanischen Schamanen Don Juan erinnert. Dies brachte mich zu der Frage, ob die Tempelritter schamanische Techniken beherrschten?

Meine Templer-Forschungen führten mich und meine Fantasie auch in unerwartete Richtungen. Es ist daraus eine kleine Geschichte entstanden:

Das Templer-Baby

Schon klar, dass es das nicht gibt: Die Templer waren ja zu Keuschheit verpflichtet… Da gab es offiziell auch keine Babys. Nun habe ich aber gestern auf einem Gebäckmodel-Wickelkind ein Templerkreuz entdeckt. Es sieht so aus, wie wenn das Baby an einer Halskette ein Templerkreuz trägt. Den Model habe ich aus dem Nachlass von Tante Madeleine und Onkel Karl Gisler-Schmid. Er stammt aus der Zeit um 1550, wie ich vermute, denn ich habe im Landesmuseum in Zürich einen fast identischen gesehen. (Ob allerdings das Kind auf diesem Model auch mit einem Templer-Emblem verziert ist, daran kann ich mich nicht mehr erinnern) Das Kreuz über der Brust des Wickelkindes erinnert an das okzitanische Kreuz mit den drei Kugeln am Ende der Kreuzbalken. Manche Templerkreuze wurden ebenfalls so dargestellt.

Wickelkind-Gebäck-
model (um 1550),
vom Autor scherz-
haft «Templer-Baby»
genannt, da es auf
der Brust ein Temp-
lerkreuz trägt
Der Model ist ein
Familien-Erbstück.

Tempelherren und Frauen?

Als auf Druck des französischen Königs Philipps IV. die Templer verfolgt wurden, setzte man sie schlimmsten Folterungen aus. Die Peiniger rösteten ihre Füsse auf kleinstem Feuer («…die Gliedmassen zu verbrennen, nachdem man sie vorher mit Öl eingerieben hat.» Aus dem Handbuch für Inquisitoren. De Sède, S. 78). Unter dieser Folter gaben sie dem Inquisitor die schlimmsten Vorwürfe zu: Verunglimpfungen des Kreuzes, die Verleugnung Christi und dass er nicht am Kreuz gestorben sei, sowie die Verehrung eines Götzenbildes namens Baphomet. Was sie fast alle jedoch strikt leugneten, war «das widernatürliche Verbrechen», das heisst die Homosexualität.

Gérard de Sède schreibt in seinem Buch *Die Templer sind unter uns,* dass unter Hunderten von Angeklagten sich nur zwei zu dieser «Lieblingssünde» bekannten, nämlich Guillaume de Varnage und Raoul de Taverney. «Der erste erklärte einigermassen naiv, man habe ihm die jüngsten der Novizen überlassen, «damit der Orden im Hinblick auf Frauen nicht entehrt werde». Der zweite sagt vernünftiger: «Man muss das wegen des heissen überseeischen Klimas dulden.» (de Sède, S. 68)

Nun, die Aussage von Guillaume de Varnage wäre doch immerhin ein kleiner Hinweis darauf, dass der eine oder andere Tempelherr sich eben doch von Frauen angezogen fühlte.

Und in diesem Sinne zurück zu unserem Templer-Baby, das sich – wie ich annehme – seit Mitte des 16. Jahrhunderts im Besitz unserer Familie befindet. Eine Frau, die ein Baby von einem Templer bekommt – das ist vielleicht eine spinnerte Idee. Aber ich will verraten, wieso ich auf diese gekommen bin. Als ich für mein Buch über *Die Schmid von Uri* recherchierte, stiess ich immer wieder auf Bilder und Sätze, die darauf hinwiesen, dass einer oder mehrere meiner Vorfahren sich mit dem Thema Templer und Gralsgeschichte befasst haben könnten. Die Schmid von Uri waren Parteigänger Frankreichs, konnten also gut irgendwann in französischen Landen auf diese Themen gestossen sein.

So fragte ich mich zum Beispiel: Warum steht auf einem Gemälde, das Jost Schmid II. darstellt, folgende Inschrift?

«1497/H: IOST SCHMID. LIGT ZUO/Trois in Champagne begraben.»

Familienchronist Franz Vinzenz Schmid benennt ihn wie folgt: «Jost edler Schmid ab Urÿ – dies Namens der Zweÿte. Er war Hauptmann in Königlich französischen Kriegsdiensten und wurde 1520 Landschreiber zu Urÿ. Er starb und liegt begraben in der Stadt Troÿes in der Champagne.»

Richtig ist jedoch: Jost Schmid II. fiel 1522 in der Schlacht von Bicocca bei Mailand. Sein Name («Jost Schmid, landschriber») ist vermerkt im Band Schlachtenjahrzeit der Eidgenossen (Basel 1940). In Bicocca standen am 27. April 1522 die Heere des französischen Königs mit den Eidgenossen jenen des deutschen Kaisers Karl V. gegenüber. Frankreich und die Eidgenossen verloren die Schlacht.

Was also veranlasste meine Vorfahren, auf dem im 17. Jahrhundert posthum angefertigten Gemälde die Notiz anzubringen, dass Jost der Zweite in der Stadt Troyes begraben liegt, wenn er doch nachweislich in Bicocca gefallen war? – Schon damals, als ich im Jahr 1995 das erste Mal Troyes besuchte, war mir bewusst, dass dies die Stadt in der Champagne ist, in der *Chrétien* (Christian) von Troyes seinen berühmten Gralsroman geschrieben hat. Er war der erste überhaupt, der das Gralsthema verarbeitet hat. Das Buch erschien im Jahre *1188* und sein Titel war: *Perceval le Gallois ou Le Conte du Graal.* Das Gralsthema war von Beginn an mit den Templern verbunden: sie waren die Gralssucher. (Es war auch in Troyes, wo im Jahre 1128 dem Templerorden vom Konzil ihre offiziellen Statuten verliehen wurden.) Mit der Veröffentlichung dieses Buches sollte das Gralsthema von da an bis in heutige Zeiten Europa beschäftigen und faszinieren.

Wieso nicht auch, so sagte ich mir, meine Vorfahren, die Schmid von Uri? Verschlüsselt auf diesem Gemälde schienen sie darauf hinzuweisen, dass Jost der Zweite sich mit dem Gralsthema befasst und es in die Familie nach Uri gebracht hatte. Jost der Zweyte lebte gegen Ende des 15. Jahrhunderts und starb 1522. Auf einer meiner Frankreichreisen landete ich im Mai 1995 zufällig in Troyes. Ich nahm Herberge in einem historischen Haus, das im Jahre 1532 erbaut wurde: im *Hôtel Le Marigny*. An der Fassade des Hauses steht folgende Inschrift:

Escoute	*Höre*
Voi	*Schau*
Considere:	*Erwäge:*
Et Te Tais	*Und schweige*
1532	

Durch die Anweisung in der letzten Zeile – «und schweige» – weist sich diese Inschrift als eine freimaurerische aus. Sie erinnert mich an die Zeilen in einem englischen Gedicht, das als das älteste Freimaurergedicht gilt, welches im 14. Jahrhundert von einem unbekannten Verfasser geschrieben wurde:

Was du auch tun, und wo du auch sein,
wohin du auch gehen magst, sage nichts.

Dieses *Königliche Manuskript* genannte Gedicht wird heute im Britischen Museum aufbewahrt. (de Sède, S. 190)

Ein paar Jahrhunderte vor den «Frei»-Maurern galten die Maurer schon als «Eingeweihte»: Sie besassen das Wissen (Geometrie, Mathematik), um Kathedralen, Burgen und edle Häuser zu bauen. Unter König Heinrich I. von England begannen sich die ersten Handwerkergilden *(craftguilds)* zu organisieren. Heinrich I., der sich sehr für die Wissenschaften interessierte, trug den Beinamen «Beau Clerc», was nach de Sède mit «der Eingeweihte» übersetzt werden kann. Im Jahre 1110 wählten die britischen Maurer König Heinrich I. als Grossmeister ihrer Maurergilde. Später, vor allem beim Bau der gotischen Kathedralen (Mitte 12. Jahrhundert bis um 1500), wurden diese Maurergilden *Bauhütten* genannt.

Dies alles ging mir durch den Kopf, als ich vor dem Fachwerkhaus, dem Hôtel «Le Marigny» in Troyes stand und diese Inschrift aus dem Jahre 1532 las. In jenem Jahr war Jost II. schon zehn Jahre tot (gefallen bei Mailand 1522), und sein Sohn, Jost Dietrich Schmid, war vierzehn Jahre alt. Dieser Bub sollte später einmal berühmt werden. Im Staatsarchiv habe ich mir die Familienlade der Schmid von Uri zeigen lassen, in der alle wichtigen Familienpapiere aufbewahrt wurden. Das ist eine kunstvoll gearbeitete Truhe, auf deren Frontseite zwei Mal das Familienwappen aufgemalt war: Jenes links auf der Truhe zeigt die Jahreszahl 1608 mit den beiden Bären nach rechts schauend; jenes auf der rechten Seite weist die Jahreszahl 1688 auf und die

Bären nach links schauend. Bemerkenswert an diesen Darstellungen schien mir folgende Veränderung des Wappens, bzw. der Helmzier:

Wo vorher sich der Helm über dem Wappen befand, begrenzte jetzt eine goldene Krone den oberen Wappenrand, und darüber prangte ein *goldener Kelch*.

Der Kelch erinnerte mich sofort an den *Heiligen Gral*. Die Krone konnte ich nicht deuten. Deshalb schaute ich in Wikipedia nach:

«Vielen Wappen ist eine Krone auf den oberen Schildrand aufgesetzt, oder sie schwebt über dem Schild. Die verwendete Krone entspricht in der Regel der langen Entwicklungsgeschichte des Wappens, kann aber auch nur die einfache Rangkrone sein.» (zeigt den Rang einer Familie an) Im 13. Jahrhundert konnten diese «Kronen» Helmwulste oder Laubkronen sein. Perlenkronen standen nur fürstlichen Personen zu. «Erst in der zweiten Hälfte des 16. Jahrhunderts bildete sich die Verleihung von Perlenkronen bei Adelsdiplomen als Vorrecht des Adels aus.» Als Jost Dietrich Schmid, genannt der Grosse, 1550 von Kaiser Karl V. geadelt wurde, schmückte noch ein Helm sein Wappen mit den Lilien und den Bären. Ritter Jost, wie er von da an genannt werden durfte, starb 1582. Erst ab 1608 ersetzte die Perlenkrone den Helm. Dies machte mich immerhin ein wenig schlauer in Bezug auf die Krone. Aber was war die Bedeutung des Kelchs, der über allem prangte?

Nur Mut! sagte ich mir und liess meiner Fantasie freien Lauf. Ich stellte mir meine reichen, katholischen Vorfahren in ihren vornehmen Steinhäusern vor, auf Holzparkett in Lehnsesseln sitzend, umgeben von Holztäfer an den Wänden, schweren Vorhängen, Kirchgang am Sonntag und an vielen anderen Tagen. Und doch schien ihnen etwas zu fehlen… Käme da der Heilige Gral nicht gerade recht?

Der Gral war von Anfang an von einem Geheimnis umgeben. Dieses «Objekt» war auf irgendeine Weise mit den Templern verbunden; später kamen dann König Artus und seine Ritterrunde dazu, und immer auch eine geheimnisvolle Jungfrau oder Dame. Zwar erschien das Buch von *Chrétien de Troyes* (Le conte du Graal) 1188, und doch wusste man nicht so genau, wo all dies seinen Anfang genommen hatte. Der Orden wurde 1118 in Jerusalem gegründet, und die Tempelritter gruben jahrzehntelang dort, wo früher der von den Römern zerstörte Tempel der Juden gestanden hatte. Welches Geheimnis haben die Templer aus dem Heiligen Land mitgebracht? Sicher ist, dass sie etwas Wichtiges gefunden hatten. War es Wissen? Wissen, das ihnen Reichtum und Macht einbrachte. Gegenüber dem Papst, aber auch dem französischen König.

Gerade, weil den Gral ein Geheimnis umgibt, eignet er sich hervorragend für Projektionen und Sehnsüchte. Vielleicht setzten die Schmid von Uri den Heiligen Gral deshalb über die Krone auf ihrem Wappen? Sowie als weiteren Hinweis auf die Gralsgeschichte noch den Satz auf dem Gemälde, das sie im 17. Jahrhundert anfertigen liessen: dass Jost II. in Troyes in der Champagne verstorben sei – an dem Ort, wo erstmals über den Gral berichtet wurde.

In den Familienaufzeichnungen der Schmid von Uri gibt es aber noch einen weiteren Hinweis, wenn auch nicht auf die Templer, so doch auf die Kreuzritter:

Im Anhang zur Familiengeschichte nennt Franz Vinzenz Schmid einen *Werner Schmid von Urÿ,* Anno 1185, «Ritter des königlichen Kriegs-Ritterordens vom heiligen Lazar, stehend in den Kriegsdiensten des Königs von Jerusalem, welche Stadt er schützen, und Saladin Soldan von Egÿpten und Sÿrien in der Hauptschlacht den 25ten Heumonds 1177 besiegen half. Ein Schreken der Sarazenen und Ungläubigen war dieser siegesgewaltige Soldat Jesu Christi und kristliche Rittersmann.»

Der König von Jerusalem war Balduin IV., «der Aussätzige», und seine Leibgarde waren die Ritter des Lazarus-Ordens. Die Kreuz-, Lazarus- und Tempelritter unter Balduin IV. fügten Saladin in der Schlacht von Montgisard am 25. November 1177 seine schwerste Niederlage zu. Ohne mich in Vermutungen zu verlieren, darf man festhalten, dass *Lazarusritter* Werner Schmid von Urÿ im Heiligen Land Berührung mit den Tempelrittern hatte. Und dass die Lazarusritter ihren Orden nach Lazarus, dem Bruder von Maria Magdalena, benannt haben. Maria Magdalena ist ja in der Gralsgeschichte *die* Schlüsselfigur. Darauf werde ich weiter unten eingehender zurückkommen.

Die Templer brachten also Ende des 12. Jahrhunderts das Gralsthema nach Europa. 1188 wurde der erste Gralsroman veröffentlicht, etliche weitere folgten. Dieses Geheimwissen verbreitete sich nach und nach in ganz Europa, nicht zuletzt durch die Troubadoure und Minnesänger, die es an viele Königshöfe in Nord und Süd trugen. Seine Hochblüte fand jedoch im Süden Frankreichs, im Languedoc statt.

Hauptmann Jost Schmid II., der um 1500 in königlichen französischen Diensten stand, erfuhr ebenfalls von diesem geheimnisvollen Gral – ob aus Büchern, von einem Minnesänger oder auf sonst eine Weise, das wissen wir nicht. Eine mögliche Erklärung könnte die Auffindung von Tempelritter-Gebeinen im Kloster Seedorf in Uri bieten:

Im Jahre 1606 hatte eine Klosterfrau des Klosters in Seedorf Visionen: Vor ihrem geistigen Auge sah sie ein verborgenes Gewölbe und alte Dokumente. Darauf begann man im Fundamentbereich zu graben und stiess tatsächlich auf ein Gewölbe, das vor Jahrhunderten zugemauert worden war.

Darin fand man Gebeine und alte Schriften: Es waren die alten Lazariter-Schriften, sowie die Gebeine der Kreuzritter! Der Fund war eine Sensation, denn er gab direktes Zeugnis über jenen Orden, der im 12. Jahrhundert im Königreich Jerusalem gelebt und gekämpft hatte. Das Kloster St. Lazarus in Seedorf war 1185 gegründet worden.

Und so, mit diesen Tempelrittern, könnte die Geschichte des heiligen Gral auch nach Uri gekommen sein. Die Gebeine waren 1606 aufgefunden worden. Einer unserer Vorfahren hat eine Familienlade aus Holz anfertigen lassen, um darin wichtige Familien-dokumente aufzubewahren. Auf der linken Seite ist gross die Jahreszahl 1608 aufgemalt sowie das Schmid-Wappen, darüber Krone und Kelch. Ich könnte mir vorstellen, dass zwischen diesen beiden Jahreszahlen ein Zusammenhang besteht. Denn unter den aufgefundenen Dokumenten im Kloster wurde auch ein Necro-logium (Totenverzeichnis) aus dem Jahr 1225 gefunden, wo ein Werner Schmid von Iseltal erwähnt wird. Es scheint, dass dies der Name unseres ältesten Vorfahren ist. In einem al-ten Familienstammbaum wird er ge-nannt:

Familienlade, in der die Familiendokumente aufbewahrt wurden. Bemerkenswert, dass der sonst übliche Helm durch einen goldenen Kelch über einer Krone ersetzt wurde.

Werner Schmid von Urÿ, Ritter des königlichen Krieg-Ritterordens vom heiligen Lazar, welcher in der Schlacht von 1177 Saladin von Egÿpten be-siegen half.

Durch dieses Auftauchen von Tempelrittern in Uri erkläre ich mir auch, weshalb auf dem Familienwappen anstatt des üblichen Helms plötzlich ein Kelch über einer Krone erscheint: Der Gral war in der Waldstätte angekom-men! Die Gebeine der Kreuzritter ruhen übrigens heute noch in einem Reli-quiar in der Klosterkirche. Der Text darauf lautet:

Hier ruhen die ehrwürdigen Gebeine
der Hochwürdigen Priester und Hochadelichen Ritter
vom Orden des hl. Lazarus,
so Anno 1606 unter wunderbaren Anzeichen
ihrer Grabstätte enthoben und seither da
mit auffallenden Gebetserhörungen verehrt werden.
(Die ganze Geschichte kann nachgelesen werden im Buch:
Christian Schmid, Die Schmid von Uri)

Danach war es bei den Schmids für ein paar Jahrhunderte ruhig geworden um den Gral. Aber dann, am 17. April 1947, entspross wieder ein Chronist dieser alten Urner Familie. Den zog es, als er erwachsen war, mit seiner ersten Frau Marlen in den 1970er Jahren nach Frankreich, in eben dieses Languedoc, jenes Land, das wie kein zweites mit dem Gral verbunden ist. – Und ratet mal, worauf er dort stiess? Ja, genau: Dort erfuhr er erstmals Näheres über den *Heiligen Gral,* und zwar von Alain Gadmer, einem Theologen und Wissenden, welcher mit der Materie bestens vertraut war. So erfuhr der Chronist – der damals noch nicht wusste, dass er einer war – dass ein Zusammenhang bestehe zwischen dem Gral und der «Blutlinie». Die Blutlinie besagt, dass Jesus und Maria Magdalena verheiratet waren und Kinder (oder ein Kind) hatten. Und dass ihre Nachkommen auch heute noch unter uns leben. Im 5. und 6. Jahrhundert in der Dynastie der Merowinger, bis diese von ihren eigenen Hausmeiern (den späteren Karolingern) mit Billigung des Papstes gestürzt und umgebracht wurden. Dagobert II., König von Austrasien, wurde 679 im Wald bei Stenay ermordet. Sein vierjähriger Sohn Dagobert jedoch wurde in Sicherheit gebracht; zunächst nach England und später ins Languedoc nach Südfrankreich. Das Blut seiner Nachkommen fliesst heute in über einem Dutzend europäischer Familien und auch Königshäuser, so z.B. Habsburg-Lothringen, Luxemburg, Plantard de Saint-Clair, die in Schottland zu Sinclair mutierten, den Stuarts, Montesquiou usw.

Glaubt man den Dokumenten des umstrittenen Geheimordens *Prieuré de Sion,* können einige dieser Adelsfamilien ihren Stammbaum bis auf Jesus zurückverfolgen. Zu ähnlichen Schlüssen ist auch der englische Historiker Laurence Gardner in seinen verschiedenen Büchern über den Heiligen Gral gelangt. (Für seine Forschungen wurde er übrigens von der Queen geadelt. Verständlich – wer führt seinen Stammbaum nicht gern bis auf Jesus zurück?)

Der Gral steht also gleichermassen für das königliche Blut Jesu wie für Maria Magdalenas Schoss; ja, Maria Magdalena selbst ist das Gefäss, der Gral. Inzwischen aber neige ich zur Ansicht, dass man sich den Gral weiter gefasst denken darf: So sehe ich ihn auch als Symbol für die Verbindung zwischen einer Frau und einem Mann, die miteinander ein Kind zeugen und so ihre eigene Blutlinie erschaffen.

Das Thema Gral jedenfalls hat bis heute nichts von seiner Faszination eingebüsst. Im Gegenteil: durch verschiedene Bestseller-Romane (wie Dan Browns Da Vinci Code oder Kathleen McGowans Magdalena Evangelium) hat es nun breitere Kreise erreicht, ist auf seinem Weg aus dem Esoterischen und Okkulten heraus quasi salonfähig geworden. Werden wir je erfahren, was wirklich hinter diesem Geheimnis steckt? Oder ist es für ein Geheimnis vielleicht besser, wenn es auf immer ein solches bleibt?

Um abschliessend nochmals auf das Templer-Baby zurückzukommen: Für mich ist dieses kleine Wesen inzwischen zu einem Synonym für mein eigenes *Inneres Kind* geworden. Ich möchte, dass es sich angenommen fühlen darf. – Es ist mein kleiner persönlicher Gral.

23. September 2017

So, das wär's mit den Templern. Es ist nun doch einiges zusammengekommen. Und von diesen frühen Zeiten geht es jetzt direkt in die Ära der Renaissance.

Flagellant, Italien, um 1400

Erlebnis in St. Ursanne/Jura
(Tagebuchaufzeichnung)

Am Oster-Sonntag Ende April 2003 wache ich sehr früh auf. Ich bin allein zu Hause, beide Töchter sind ausgeflogen. Was unternehmen an diesem Oster-Wochenende? Eine Idee bildet sich in meinem Kopf: der Jura. Ich war noch nie im Jura und wollte da schon längst einmal hin. Gleich nach dem Frühstück fahre ich los. Auch St. Ursanne möchte ich gerne besuchen, da es eine sehr alte Gemeinde ist, gegründet im frühen 7. Jahrhundert, zur Zeit der irischen Auswanderer-Mönche. *Ursicinus* war ein Gefährte des heiligen *Kolumban*, also auch von *Gallus*. Zur selben Zeit, als Ursicinus sich als Eremit in einer Höhle oberhalb des heutigen St. Ursanne niederliess, erbaute Gallus seine Mönchsklause am Ort des heutigen Klosters St. Gallen. Das war im Jahr 612.

Saint-Ursanne ist ein hübscher kleiner Flecken, alte Häuser und Hotels, la Collégiale die Stiftskirche, romanische Fresken, gotische Malereien, ein sanft fliessender Doubs. Ich besichtige dies alles und setze mich dann ans Ufer des Flusses, um zu lesen. Im *Hôtel Boeuf* übernachte ich. Beim Frühstück am Oster-montag geht mir durch den Kopf: War das alles? Ich hatte etwas mehr erwartet von meinem Ausflug in dieses historische Städtchen. Was nun? Ein Spaziergang in den Wäldern? Ich laufe ein wenig im Dorf herum, da sehe ich eine Tafel: *Erémitage*. Aha, denke ich, das habe ich gestern übersehen. Ich beginne den Aufstieg, die 190 steilen Stufen hoch. Während des Hochsteigens überfallen mich plötzlich grausige Bilder: Ich sehe mich durch eine mittelalterliche Stadt ziehen und meinen nackten Rücken geisseln. Büssend, geisselnd, laufe ich durch die Strassen, der Rücken ist auf-

Der irische Mönch Ursicinus liess sich um 610 in einer Höhle oberhalb von St. Ursanne im Jura nieder. An diesem Ort erlebte der Autor die Vision eines Lebens im mittelalterlichen Italien.
(Auf dem Foto aus dem Kirchenführer liegt die verwelkte Schlüsselblume.)

gerissen, blutend, schmerzend… Tränen schiessen mir in die Augen. Ça alors! Rühren daher meine Hautprobleme, mein Jucken und Kratzen, das ich nun schon seit meinem 35. Lebensjahr mit mir herumtrage? Ich, ein Flagellant?

Wild purzeln die Gedanken in meinem Kopf herum: Bin ich froh, dass dies alles vorbei ist! Dieser Glaube damals hat meinen Geist, meinen Körper kaputt gemacht, die Freude am Sinnlichen, am Spiel und am Sein verdorben. Und doch: Wie wohl fühlte ich mich auch in gewissen Momenten. Beim Singen, Schreiben und Malen. In mir vermischen und verwischen sich die Zeiten. Was war gestern, was ist heute? Ich spüre eine Art Wehmut, Sehnsucht. Wonach? Nach Heimat? Nach Ruhe? Nach Gott?

Noch ganz im Griff des soeben Erlebten, merke ich, dass ich oben angekommen bin und vor einer Grotte stehe. Ich erblicke die Statue des heiligen Ursicinus, der daliegt und ein Buch in der Hand hält; vor ihm steht ein Bär und schaut den Heiligen an. Da fällt mein Blick auf eine wunderschöne, einzelne Schlüsselblume, die am Eingang zu diesem Ort wächst. Als ich sie näher betrachte, zähle ich siebzehn Blüten! Noch nie habe ich eine Schlüsselblume mit so vielen ihrer schönen gelben Blüten gesehen. Erst später erschliesst sich mir die Botschaft: Um wieviel schöner ist eine siebzehn-blütige Blume als eine siebzehn-schwänzige Geissel.

Siebzehn. Als ich so sinnend dastehe, kommt mir in den Sinn: Meine jüngere Tochter Joëlle ist siebzehn Jahre alt. Ist da eine Verbindung? Ich drifte ab, und gar vieles huscht durch meinen Geist. Als ich wieder im Hier und Jetzt ankomme, frage ich die Blume, ob ich sie pflücken und mit nach Hause nehmen dürfe. Sie nickt. Sorgsam knicke ich sie ab, dann verabschiede ich mich von der Einsiedelei.

Ich steige weiter hinan, bis ich zuoberst in einer Burgruine ankomme, auf einem wunderschönen, grasüberwachsenen Platz; ganz nahebei ein alter knorriger Apfelbaum in voller Blüte. Unter diesen lege ich mich, um zu ruhen und das Erlebte zu verarbeiten.

In der Ferne rattert ein Zug vorüber. Ich erhebe mich, um ihn zu schauen. Da lässt die Lokomotive wie zum Gruss einen langen und schrillen Pfiff ertönen. Ich winke dem unsichtbaren Lokführer zu und mache mich an den Abstieg. Unten im Dorf fülle ich ein leeres Fläschchen und stelle die Schlüsselblume ein. Über eine Woche blüht sie dann in meinem Haus, bis die Blüten nach und nach zu welken beginnen.

Damit möchte ich überleiten in eine Zeit, in welcher die Religion noch viel Grausameres anrichtete als in diesem Kapitel.

Conquistador – als spanischer Soldat in Südamerika, 16. Jh.

Mit zwölf, dreizehn Jahren begannen mich die Entdecker, die seefahrenden Völker zu faszinieren. Ich las alles über Kolumbus, die Wikinger, Spanier, Portugiesen usw. – Diese Entdeckergeschichten zogen mich so in ihren Bann, dass ich beim Lesen mit dabei war, als Seemann auf ihren hölzernen Schiffen. Auf der Santa Maria, dem Flaggschiff von Kolumbus: Tag für Tag den salzigen Gischt auf der Haut, im Sturm die knarrenden Schiffsplanken, am Abend brackiges Wasser und madiges Pökelfleisch... Ekelhaft, aber nicht zu ändern. Dann, nach Wochen, endlich: Land! Wir landeten in der Neuen Welt und trafen auf Eingeborene, die «Indianer», wie wir sie fälschlicherweise nannten – Kolumbus glaubte, den Seeweg nach Indien gefunden zu haben. Dachte er das wirklich? Es gab damals schon das Wissen und alte Karten, auf denen der später Amerika genannte Doppelkontinent verzeichnet war. – Und es war gewiss kein Zufall, dass er die Segel seiner Schiffe mit dem roten Tatzenkreuz der Templer schmücken liess! Einiges deutet darauf hin, dass ein Teil der Templer nach der Zerschlagung ihres Ordens nach Amerika aufgebrochen war. (So wurde z.B. an der Ostküste ein typisches Templergrab gefunden.) Eine andere Gruppe rettete sich nach Schottland, weitere nach Spanien und Portugal, wo man die Templer weitgehend unbehelligt liess. Ja sogar dankbar von ihrem mächtigen Wissen profitierte.

Man verzeihe mir meinen neuerlichen Ausflug zu den Templern – aber auch sie waren verbunden mit der Eroberung des neuen Kontinents.

Schmid vor den Überresten der Inkafestung Sacsayhuaman bei Cuzco (Peru), auf 3700 m Höhe. April 1981.

Nach und nach machte meine Faszination für diese Entdecker – viel mehr Eroberer – Platz für etwas anderes: einer ungemeinen Wut auf diese Weissen, die sich anmassten, die einheimischen Völker zu betrügen, zu bestehlen und zu unterjochen. Selbstverständlich hatten wir Weissen das Recht dazu: Unsere Führer – Cortés und Pizarro sind nur die bekanntesten Namen – nahmen diese neuen Länder in Besitz für die spanische oder portugiesische Krone. Das war alles rechtens. Wir hinterfragten dies nicht. Aber je mehr ich beim Lesen in die Materie der Conquista (Eroberung) eindrang, umso mehr begann ich mich zu schämen... Wenn ich las, dass den widerspenstigen Indianern Nase, Ohren, Arme, Füsse abgeschnitten wurden – wenn sie die neue, die einzig richtige Religion, nicht annehmen wollten – da wuchs mein Abscheu vor unseren grausamen Vorfahren, vor diesen bigotten Besser- und Wenigwissern. Allmählich, ganz allmählich, wuchs in mir eine Ahnung, dass auch ich einer von ihnen gewesen sein könnte. Und meine Scham nahm noch zu. Mein Volk, die Bleichgesichter: Eroberer und Schlächter...

Inzwischen erwachsen, hörte ich eines Tages anfangs 1972, bei meinem Freund Gäbi das neue Album von Procol Harum, «In Concert with the Edmonton Symphony Orchestra», der Umschlag farbig gezeichnet in Comic-Manier.

Das erste Stück, «Conquistador», beginnt mit einem sanften, schönen Intro des Streichorchesters. Dann plötzlich *Bada-badumm!* ein wuchtiger Triple-Schlag von Drummer Harrison, der mich voll ins Geschehen des Songs brachte. Ich spürte gleich, dass dies ein Lied für mich war. Deshalb legte ich die erste Seite immer wieder auf: Gary Brookers Komposition ist schön, und ich wollte verstehen, was er singt. Die brillanten Texte, viele davon mit surrealem Touch, stammen vom Dichter-Texter und Procol Harum-Gründungsmitglied Keith Reid.

Anfangs verstand ich nur wenige Worte:
Conquistador, your stallion stands...
And like some Angels...
Something to find...
I could see no...
And as the gloom begins to fall,
I see there is no, only all.

Ich war hin und weg.
Mit jedem Hören erfasste ich ein wenig mehr.
Der *Conquistador* war ein harter, aber glückloser Mensch.

«Dein Hengst steht allein, ohne Gesellschaft…
Du hast nicht erobert, bist nur gestorben.
Und als die Schwermut langsam weicht,
sehe ich, da ist kein… nur alles.»

Traurige Geschichte. Erst im Zeitalter von Wikipedia erschloss sich mir der ganze Zauber dieses Stücks. Hier der Anfang des Textes:

Conquistador
Conquistador your stallion stands
in need of company
and like some angel's haloed brow
you reek of purity
I see your armour-plated breast
has long since lost its sheen
and in your death mask face
there are no signs which can be seen
And though I hoped for something to find
I could see no maze to unwind

Deutsche Übersetzung:
Conquistador, dein Hengst steht da,
er ist allein.
Und wie der Heiligenschein-Kopf irgendeines Engels
stinkst du nach Lauterkeit.
Ich sehe, dein Brustpanzer
hat längst schon seinen Glanz verloren.
Und in deinem Totenmasken-Gesicht
keine Zeichen, die man sehen kann.
Obwohl ich hoffte, etwas zu finden,
sah nirgends ich ein Labyrinth, das ich hätte lösen können.

(Ganzer Text mit deutscher Übersetzung im Anhang)

Geblieben bis heute ist meine Faszination für die Indianervölker. Nicht für die Eroberer. Dennoch ist mir inzwischen klar geworden, dass die Hohe Zeit jener Völker abgelaufen, der Zenit überschritten war. Platz machen musste für etwas Neues. Trotzdem fühle ich mich noch immer schuldig diesen eingeborenen Völkern gegenüber. Auch habe ich ihre Botschaft vernommen und verkünde sie weiter. Sie lautet:

Respekt vor der Schöpfung.
Respekt vor der Natur und unseren Brüdern, den Tieren.

1979 bereiste ich mit Marlen während drei Monaten Mexico und Teile Guatemalas mit ihren geheimnisvollen Kulturen: Mayas, Azteken, Zapoteken, Mixteken, Olmeken, um nur einige zu nennen.

Drei Jahre später, 1981, besuchten wir zwei Monate lang Peru und Bolivien mit den überwältigenden archäologischen Zeugen jener Indio-Völker: Inka, Mochica, die uralte Tiahuanaco-Kultur, jene der Uros und Aymarás, welche heute noch am Titicacasee leben. Von den südamerikanischen Urwald-Indiovölkern lernte ich ein paar Jahre später die Shuar von Ecuador kennen.

Wir haben viel erlebt während dieser Monate inmitten indianischer Kulturen. Aber ein Erlebnis ist mir tief in die Seele gebrannt; es berührt mich noch heute, wenn ich davon erzähle:

Marlen und ich befanden uns hoch oben in den peruanischen Anden, auf 4000 Metern über Meer. Wir wanderten aus einem Dorf hinaus, um uns in diese weite Landschaft einzufühlen. Auf einmal hörten wir eine Glocke läuten, den hohen Ton eines Kirchenglöckleins, nichts Indianisches. Wir schauten uns um und entdeckten vor uns eine kleine steinerne Kirche. «Gehen wir hin?» fragte ich meine Gefährtin, und sie stimmte zu. Kurz darauf traten wir ein in das bescheidene Kirchlein. Links vor dem Altar sass ein Indio auf einem Holzstuhl und spielte auf der Gitarre für das wenige Kirchenvolk – sämtlich Indios. Mein Herz ging auf, öffnete sich für

Marlen auf Machu Picchu, der alten Inka-Stadt auf einem Bergrücken hoch über dem Urubamba-Fluss (auf 2430 m Höhe).

Indianerin mit ihrem Baby auf dem Markt von Pisac,
einer Stadt im «Heiligen Tal» der Inka. Auf einer
Höhe von 2974 m liegt Pisac am Urubamba-Fluss.

diese Menschen, für dieses Land. Wir setzten uns auf eine Holzbank, direkt hinter den Indio-Familien mit ihren Kindern und folgten dem Gottesdienst, der da in vollem Gange war. Ich lauschte der in Spanisch gesprochenen Liturgie. Auf einmal drehte der Indio sich zu mir um und reichte mir seine schwielige Hand; seine Frau tat dasselbe mit Marlen. Ich war verblüfft, ja ergriffen. Mir war nicht klar, warum diese einfachen Menschen sich an uns Gringos wandten und uns ihre von der schweren Arbeit rauen Hände reichten. Dabei blickten der Mann und die Frau uns direkt in die Augen und sagten etwas, das ich nicht verstand. Etwas jedoch hatte ich auch ohne Worte verstanden: Diese Menschen strahlten Güte aus.

Zurück in der Schweiz, als ich die Geschichte meinen Freunden erzählte, wurde ich aufgeklärt, dass uns da etwas ganz «Normales» passiert sei. Da ich seit Jahren schon nicht mehr an einer katholischen Messe teilgenommen hatte, war mir das neue Ritual nicht bekannt, das inzwischen (wieder) eingeführt worden war: dass man seinem Nachbarn die Hand reiche zum Friedensgruss.

Gerade weil ich das nicht gewusst hatte, ist mir dieses Erlebnis mit dem Indio-Paar zu etwas ganz Besonderem geworden. Wie wenn ich ein wenig vertraut hätte werden dürfen mit diesen freundlichen Menschen im fremden Land.

Und was ist nun mit dem Conquistador? War ich in jenen Jahren ein spanischer Fuss-Soldat? Oder der maltätierte Indio? War ich ein Mitglied der Kultur, die zerstört? Oder war ich ein Zeitgenosse jener Kultur, die vergewaltigt und ruiniert wurde?

Ich weiss es nicht. Aber mir will scheinen, dass ein Teil von beidem in mir steckt.

Werden wir je in der Lage sein herauszufinden, ob wir schon einmal gelebt haben vor diesem jetzigen Leben?

Im nächsten Kapitel möchte ich ein Instrumentarium vorstellen, das möglicherweise etwas Licht in diese Frage bringen kann.

Die 7 Archetypen der Seele oder das Seelenpäckchen

Mitte der *1990er Jahre,* als ich noch die esoterische Abteilung in der Buchhandlung am Rösslitor in St. Gallen leitete, habe ich einige Bücher von Varda Hasselmann gelesen, die mich damals fasziniert hatten. Eines davon heisst: Die Archetypen der Seele. In ihren Büchern beschreibt die medial begabte Autorin immer wieder den grossen Weg der Seele über viele Inkarnationen hinweg. Der Sinn des Lebens ist Reifung, stetige Weiterentwicklung. Ab einem bestimmten Zeitpunkt jedoch waren mir ihre Gedankengänge zu komplex geworden, und ich legte die Bücher zur Seite.

Zwanzig Jahre später, *im August 2014,* lernte ich im Kurs-Hotel und Kraftort *Sass da Grüm* hoch über dem Lago Maggiore eine Frau kennen, mit der ich mich über Reinkarnation und ähnliche Themen unterhielt. Sie erzählte mir von Mechthild X, einer Dame, die in Norddeutschland lebe und sich – ähnlich wie Varda Hasselmann – mit den Archetypen der Seele befasse. Es gäbe deren sieben. Das erstaunliche an der Sache war für mich, dass man durch alle Leben hindurch immer wieder als derselbe Archetyp wiedergeboren werde. Ich fand das zwar seltsam. Aber die Neugier hatte mich gepackt, und so bestellte ich bei dieser Dame, die ebenfalls medial arbeitet, mein persönliches «Seelenpäckchen», wie sie es nennt.

Die 7 Archetypen der Seele
König
Krieger
Gelehrter
Helfer
Weiser
Künstler
Priester

Um es kurz zu machen: Die Dame teilte mir mit, dass ich eine *Priester-Seele* sei. So war und bin ich also Priester (auch Mönch, Schamane) – wieder und wieder, bis in alle Ewigkeit?

«Das kann nicht sein. Ich will nicht immer wieder als Priester wiedergeboren werden!» maulte da mein Ego.

Inzwischen habe ich aber gelernt, dass dem nicht so sei. Am Telefon teilte mir die Dame mit, dass man lediglich die Qualitäten des jeweiligen Archetyps immer wieder in sein neues Leben mitnehme. Und sich für welchen Beruf auch immer entscheiden könne.

Ich möchte hier nicht mein ganzes Seelenpäckchen ausbreiten, jedoch zum besseren Verständnis der Rolle des Priesters den Anfang ihrer Lesung für mich mitteilen:

Seelenpäckchen Christian Marc Schmid, geb. 17.4.1947

Das Seelenpäckchen ist die Thematik, die die Seele in diesem Leben meistern möchte, wobei es darum geht, den jeweils positiven Pol der einzelnen Angaben zu erreichen und das negative Hauptmerkmal zu transformieren.

Rolle: *Priester*

Die Rolle ist Ihre wahre Essenz, Ihr innerstes Wesen, das, was Sie durch alle Leben sind, während alle anderen Angaben von Leben zu Leben wechseln. Im Positiven ist der Priester mitfühlend, lebt für sein Ideal, ist spirituell orientiert. Im Negativen missionarisch, übereifrig.

Danach erklärt die mediale Dame in ihrem Brief die weiteren Punkte:
Seelenalter
Ziel
Einstellung
Modus
Zentrum
Negatives Hauptmerkmal
Insgesamt (eine Kurz Zusammenfassung des Gesamten)

Nun gut, war ich halt eine Priester-Seele…

Nicht einmal drei Jahre danach sollte etwas Weiteres eintreten, wie um mir dies grad noch einmal vor Augen zu führen.

Kardinal, in Deutschland, um 1650

Am 1. Februar 2017 suchte ich in den Bündner Bergen eine Schamanin auf. Sie hielt eine Sitzung für mich ab, um herauszufinden, was der Grund für meine langjährigen Hautprobleme sein könnte. Ich legte mich mit geschlossenen Augen auf eine Couch. Dann begann die Schamanin zu singen, dazu rasselte und trommelte sie, um sich (und auch mich) in einen erweiterten Bewusstseinszustand zu versetzen. Hier nun, was sie auf ihre Reise in die Anderwelt sah:

In einem früheren Leben war ich ein hohes Tier im Klerus; da traf ich auf ein Mädchen und verliebte mich in sie. Wir begannen eine Beziehung und sie wurde schwanger. Als ihr Bauch sich rundete, wurde sie gefragt, wer der Vater sei. Sie nannte meinen Namen, doch ich stritt alles ab. Ich war kurz davor, als Kardinal gewählt zu werden. Dies war der Hauptgrund, warum ich log. In jenen Zeiten galt die Frau immer als die Verführerin, das steht schon so in der Bibel geschrieben. Da sie bei ihrer Aussage blieb, kam die Inquisition ins Spiel. Das Mädchen hatte sowieso schon verloren – was auch immer sie gesagt hätte. Und da ich sie verleugnete, kam es zum Schlimmsten: Sie wurde zum Tod auf dem Scheiterhaufen verurteilt.

Weil sie schwanger war, wartete man, bis das Kind geboren war. Man nahm ihr das Baby weg, dann verbrannte man sie bei lebendigem Leibe. Das prasselnde Feuer verbrannte die junge Frau – und die herabfallenden Funken und Glosen brannten Male in meine Haut.

Das alles, so sagte die Schamanin nach unserer Rückkehr ins Hier und Jetzt, habe sie auf ihrer «Reise» gesehen.

Wenn das stimmt, was sie sah: Welch eine Riesenschuld hatte ich da auf mich geladen! Ich war zu feige gewesen, zur Wahrheit zu stehen und zuzugeben, dass ich den Zölibat gebrochen hatte. Zweitens wollte ich auch meine Karriere nicht gefährden. Aber auch wenn ich meinen Fehltritt

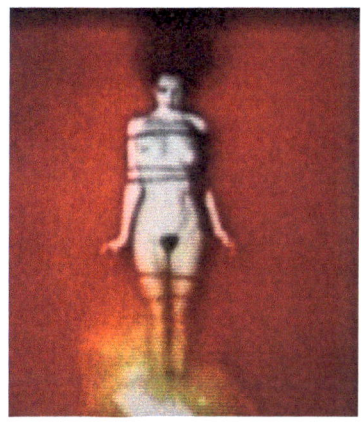

«…dann verbrannte man sie bei lebendigem Leibe. Und die herabfallenden Funken und Glosen brannten Male in meine Haut.» Eines der schlimmsten Kapitel des Abendlandes: das Foltern und Verbrennen unschuldiger Frauen, Männer und Kinder.

zugegeben hätte, wäre die Frau verbrannt worden. Denn die Frau war immer die Schuldige, auch wenn der Mann der wahre Verführer gewesen war. Hier lag die wahre Crux: in der Verlogenheit dieses alttestamentarischen Denkens. Und diesem Frauen- und Lebensverachtenden Glauben schien ich damals angehört zu haben.

Nach den Worten der Schamanin traf ich in diesem Leben wieder auf jene junge Frau, die ich damals geliebt, verleugnet und dem Tod überantwortet hatte. Konnte das sein? Als ich Marlen 1969 das erste Mal sah, war es für mich «Liebe auf den ersten Blick», wie man so sagt. Ich wusste einfach: Das ist sie, diese will ich! Auf sie hatte ich lange gewartet; ich war schon 22 Jahre alt und sie war meine erste Freundin. Wir wurden ein Paar, und dieses Mal wollte ich es besser machen. In diesem Leben haben wir zwei Kinder miteinander, zwei wunderbare Mädchen, die inzwischen selber junge Frauen sind.

*

Da zeigte sich mir also noch ein Leben als Priester. Die Geschichte, die Schamanin D. mir offenbarte, bescherte mir ein grosses Aha-Erlebnis und bot auch Erklärungen für die verschiedensten gordischen Knoten in meinem Le-

Mein buddhistischer Altar an der Curiestrasse in St. Gallen

ben. Und fügt sich nahtlos ein in das, was ich selber herausgefunden hatte: All diese Mönchsleben haben sich in meine Seele, meine «Seelenzellen» eingegraben und wirken noch heute nach, in meinem jetzigen Leben.

Inzwischen kann ich mich mit dem Gedanken anfreunden, dass der Priester oder Mönch meine wahre Essenz sein könnte, mein innerstes Wesen, so wie ich es damals von Mechtilds Seelenpäckchen so sprachlos vernommen hatte.

Und sogar mehr als das. Mir ist nämlich vor kurzem bewusst geworden, dass eigentlich mein ganzes Haus Spuren dieser Priester-Seele aufweist:

Im Laufe der Jahre sind in verschiedenen Zimmern Plätze entstanden mit Bildern und Figuren aus vielen Religionen und Kulturbereichen. Der Gast findet bei mir Marien, Engel, Buddhas, Elfen, keltische Göttinnen, Jesus und Maria Magdalena. Nicht zu vergessen die Zwerge, Delfine, das Rhinozeros, den Adler und Wilhelm Tell. Für mich waren dies kleine Kraftorte. Aber waren es im Grunde nicht Altäre?

Hierher gehört auch die Geschichte, wie wir «unseren» Ort fanden, als Marlen und ich nach Südfrankreich auswanderten.

Marien-Erlebnisse in Südfrankreich, ab 1971

Alles begann damit, dass Marlen und ich uns 1970 entschlossen, nach Südfrankreich auszuwandern. Fernweh und die Erinnerung an provenzalische Thymian- und Lavendeldüfte zogen uns in dieses Land, das wir in unseren Ferien kennen und lieben gelernt hatten: die Provence, l'Occitanie, le Midi!

Eines Tages, wir waren schon etwa zwei Monate unterwegs, sagte ich zu Marlen: Lass uns die Hochplateaus verlassen und wieder südwärts ziehen. Wenn wir nicht bald etwas finden, dann hat es in Frankreich nicht sollen sein. Dann probieren wir unser Glück in Spanien. Bei St-Pierre-de-la-Fage, einem kleinen Dorf am Rande des Plateau du Larzac, nahmen wir die National-Strasse Richtung Lodève. Kurvenreich ging es durch Wälder, Richtung Süden. Nach ein paar Kilometern liessen wir den Wald hinter uns, weitete sich der Blick. Links unterhalb der Strasse sahen wir ein Dörfchen im Sonnenschein, allerliebst sah es aus, eine kleine Kirche wachte über die zwei Dutzend Häuser. Hier wäre es zu schön, meinten wir. Nach all den Absagen fragen wir hier gar nicht erst.

Wir entschieden uns, ins nächste Städtchen zu fahren und uns bei einem Makler nach Objekten zu erkundigen, die für unser Budget passend waren. So kam es, dass wir mit dem Händler das Tal wieder hochfuhren und in eben jenem Dörfchen im Talkessel landeten, welches wir vorher hatten links liegen lassen! Parlatges nennt sich der kleine Ort. Und so zogen wir in ein über 300 Jahre altes Steinhaus ein, das für die nächsten acht Jahre unser Domizil sein sollte. Die wenigen Einheimischen, die noch dort wohnten, freuten sich, dass zwei Junge in ihr sich entvölkerndes Dorf kamen. Von ihnen erfuhren wir, dass Parlatges ein sehr alter Wallfahrtsort sei. Schon bald statteten wir der kleinen, romanischen Kirche einen ersten Besuch ab.

Als wir eintraten, bemerkten wir links vom Eingang auf einem Sockel in Augenhöhe die Büste einer alten Madonna mit bemerkenswert anmutigen, jugendlichen Zügen. Ein paar verblichene Fotos von Kindern, vertrocknete Blumen und Kerzen zeigten an, dass diese Figur das Pilgerziel – Notre Dame de Parlatges – sein musste. Als ich direkt vor ihr stand, spürte ich, dass etwas seltsam Anziehendes von ihr ausging. Was sofort auffiel, war, dass ihr Kopf vom Hals gebrochen war und dass sie über ihren braunen gewellten Haaren so etwas wie eine unfertige Haube trug. Warum war sie zerbrochen? Warum schwebte sie allein links an der Wand und befand sich nicht vorne am Altar? Ich war so angetan von dieser Marienfigur, dass ich den Wunsch hatte, ihre Geschichte zu erfahren. Der alte Gaston erzählte mir, dass ein lokaler Bildhauer namens Paul Dardé in den 1920er Jahren der Maria die Krone abgeschlagen und das Jesuskind entfernt hatte. Dabei sei die Figur zerbrochen. Diese Sandstein-Maria gehörte ursprünglich zum romanischen Tafelaltar aus dem 14. Jahrhundert, vor dem sie plastisch hervortrat. Ich fragte mich: Was bewog wohl Dardé, den eigensinnigen, aber gefeierten Künstler (über den im Tal die verrücktesten Geschichten

«La Sainte Vierge» im kleinen südfranzösischen Wallfahrtsort Parlatges.

kursierten), der Mutter Gottes die Krone abzuschlagen und das Jesuskind wegzunehmen? Im Laufe der Jahre erfuhr ich immer wieder ein Stückchen dieser eigenartigen Geschichte, aber es sollte bis 1993 dauern, um – fast – das ganze Geheimnis zu kennen. In diesem Jahr erschien ein Buch über Paul Dardé, den Bildhauer, Zeichner und Maler (1888–1963), von Jacqueline und Henri Vallat. Dardé, soeben preisgekrönt, aber abgestossen vom «schrecklichen Paris» kehrte in seine Heimat, den Languedoc, zurück. Er bezieht ein Atelier in Soubès, dem übernächsten Dorf südlich von Parlatges. Sein Freund, der Pfarrer Baldeyron, teilt ihm mit, dass die Kirche von Parlatges kurz davor sei, einzustürzen (Anfang 1920), nur der Glockenturm sei stabil. Dardé: «Diese Kirche spukt in meinem Kopf herum. Der Ort, wo sie sich befindet, ist wundervoll, und ich möchte sie gänzlich romanisch wieder aufbauen.» Da der Tafelaltar 1911 als historisches Monument klassiert worden war, brauchte er die Genehmigung vom entsprechenden Ministerium.

1926 begann Dardé endlich mit den Arbeiten. Vermutlich hat er zunächst die Mauern der Kirche renoviert und sich danach den Tafelaltar vorgenommen. Und nun passierte etwas, von dem nur Dardé weiss, warum er es tat:

Er meisselte der Madonna die Krone weg. Da muss es passiert sein, dass der Kopf vom Körper wegbrach. Danach schlug er noch das Jesuskind ab, das Maria auf dem linken Arm hielt. Wie sich herausstellte, war das Kind aus Gips gewesen, was bedeutet, dass es nicht von der Originalfigur aus dem 14. Jahrhundert stammte. Das Jesuskind erhielt Pfarrer Baldeyron, wie mir Gaston versichert hatte. Aber der Kunst-Frevel, wenn man ihn denn so nennen möchte, ging noch weiter: Der Hüne (ein einheimischer Weinbauer erzählte mir, Dardé sei fast zwei Meter gross gewesen) hieb jetzt die ganze Madonna entzwei! Unterhalb der Brustpartie haute er sie einfach ab und nahm sie vom Original-Platz weg, an dem sie sich rund **600** Jahre befunden hatte. Der Bildhauer nahm nun zwei Arbeiten in Angriff: Einerseits bearbeitete er die Gesichtszüge der romanischen Madonna, und andererseits schuf er eine neue Maria mit Kind für den kopflosen Torso vom Tafelaltar.

Das sind die Fakten, und nun beginne ich zu spekulieren. Ich wollte verstehen, was diesen begnadeten einheimischen Künstler dazu getrieben hatte, die Zerstörung eines *monument classé* vorzunehmen. Ich verbrachte manche Stunde vor der «Vierge primitive», der ursprünglichen Jungfrau, wie sie offiziell heisst, und trat in Kontakt mit ihr, nachdenkend, meditierend. Obwohl sie eine Figur aus Stein ist, sieht sie eigenartig lebendig aus: anmutig, heiter, geheimnisvoll lächelnd – eine Mona Lisa aus Stein.

Ich sah Dardé vor mir, wie er den Kopf der alten Madonna anschaute, lange und intensiv. In seinem Geist formten sich die starren romanischen Züge der Maria zu etwas Neuem. Dann nahm er Hammer und Meissel und holte aus dem Gesicht das hervor, was ihm vorschwebte. Dardé schuf nun dieses feine Gesicht im Stil des damaligen Art Déco, ohne ihm jedoch seine Heiligkeit und Würde zu nehmen. Es entstand ein neues Kunstwerk, eine zeitlose Madonna! Sie trägt keine Krone und hat kein Kind – sie ist so einfach wie tiefgründig. Ich denke, dass Dardé sie bewusst aus ihrem christlichen Kontext, dem Tafelaltar, herausgenommen und ihr einen eigenen Platz – ihren ursprünglichen? – zurückgegeben hat.

Was lässt mich dies annehmen? Die meisten Wallfahrtsorte befinden sich auf uralten vorchristlichen Stätten, wo unsere Ahnen schon ihre Götter verehrt hatten. Entsprang an jenem Ort eine Quelle, entstand dort oft ein Kult für eine Quellgöttin oder die grosse Muttergöttin (Dana/Ana). Als wir 1971 nach Parlatges zogen, befand sich links von der Kirche ein etwa zwei Meter tiefes Becken, in das eine Quelle sprudelte (heute leider zugeschüttet). Dardé war fasziniert von der Vorzeit, von Dolmen und Menhiren. Berühmt ist sein *homme préhistorique,* den er für den *Abri* (Halbhöhle unter einem Felsüberhang) von Les Eyzies herstellte. Weniger bekannt ist, dass er in einem Steinbruch auf dem Larzac, unweit von Saint-Maurice-de-Navacelles, einen der drei dort stehenden keltischen Menhire so bearbeitete, dass er ein Gesicht bekam! So glich dieser stehende Stein auffallend seinem *homme préhistorique.* Dardé scheute sich nicht, diesen vielleicht zweitausend Jahre alten Zeugen der Vorzeit zu verändern. Allerdings hat er den Stein so achtsam behauen, dass sein Menhir-Aspekt nicht darunter gelitten hat. Ich war fasziniert von der Chuzpe dieses Künstler-Originals, und langsam begann ich zu begreifen, was Dardé bewogen hat, die romanische Madonna so dreist umzugestalten: Er hat aus ihr eine Göttin gemacht! Die Quellgöttin des alten Wasserkults vielleicht, zumindest aber ein verehrungswürdiges Wesen, jemanden, der ihm und der Bevölkerung vertraut war. Und da sie weder überladen noch überzeichnet ist und man ihr auf Augenhöhe gegenübertreten kann, wird es möglich, in ihr das zu sehen, was man möchte:

Notre Dame de Parlatges, unsere Frau von der Quelle, la Sainte Vierge, die Jungfrau, die Göttin, den Schutzgeist des Ortes *(genius loci),* die Ratgeberin.

Soweit die Geschichte der *Vierge Primitive du Rétable,* der ursprünglichen Maria des romanischen Tafelaltars. Nun aber zu meinen Erlebnissen mit ihr. Dass sie mir oft so eigenartig lebendig erschien, habe ich eingangs schon erwähnt. Das erste Mal bemerkte ich dies, als ich sie eines Sommerabends besuchte: la vierge wurde von der durch die offene Kirchentür einfallenden Abendsonne golden beleuchtet, und je nachdem, wie ich mich hinstellte, veränderte sich ihr Gesichtsausdruck. Mal schien sie keltische Züge zu tragen, mal ägyptische, mal war sie einfach eine schöne junge Frau. In mein Tagebuch habe ich folgendes notiert:

«Gestern Abend, als die Sonnenstrahlen durch die offene Kirchentür auf ihr Gesicht fielen, schien mir die Jungfrau für Sekunden aus Fleisch und Blut zu sein, und sie hat gelächelt.»

Ich war ganz wundersam berührt, danach ging ich durch die engen Gassen zurück zu unserem Haus. Plötzlich hörte ich laut und deutlich eine Stimme, sie klang gleichsam über mir und in meinem Kopf:

«Fahr' nach Freiburg!» Ich blieb wie angewurzelt stehen. Dann ertönte als Echo noch einmal dieselbe Stimme: «Fahr' nach Freiburg!»

Das haute mich nun doch fast um. Seit Tagen schon war ich am Überlegen, ob ich dem Chefredakteur der Zeitschrift *esotera* einen Brief schreiben oder telefonieren solle. Ich hatte das esoterische Magazin seit Jahren abonniert, und ich wollte Gert Geisler meine Dienste als Journalist anbieten. Aber deswegen nach Freiburg im Breisgau zu fahren? Das waren um die 1600 km (hin und zurück). Nun dachte ich: ja, warum nicht? Ich spürte, dass der *genius loci*, La Sainte Vierge, zu mir gesprochen hatte. Erklären kann ich es nicht, es war eine innere Gewissheit. Gefragt oder gebeten hatte ich sie nicht – und doch hatte ich eine Antwort bekommen.

Ich fuhr also nach Freiburg, traf dort auf Herrn Geisler und unterbreitete ihm mein Angebot. Er war einverstanden, bei esoterischen Veranstaltungen in Frankreich, die ihm interessant erschienen, an mich zu denken. Schon kurze Zeit später erhielt ich den ersten Auftrag. Es war eine Einladung zu einem Parapsychologie-Kongress in Châteauneuf-de-Contes bei Nizza, mit dem Auftrag, darüber einen grösseren Artikel zu schreiben. Dies sollte ein Schlüsselerlebnis werden für mich, traf ich doch dort auf Referenten aus den verschiedensten Sparten des Geheimwissens. Mit einigen von ihnen verband mich danach eine langjährige Freundschaft, z.B. mit dem Ägyptologen und Ufologen Alain Gadmer und dem Philosophen und Psychologen Manfred Graf Keyserling. Was ich dort in einer Woche erfuhr und lernte, stellte die Weichen für meine spätere Berufung (Buchhändler und danach Leiter der esoterischen Abteilung in einer grossen Buchhandlung in St. Gallen).

Dies war das erste meiner Erlebnisse mit *la Sainte Vierge de Parlatges,* und es bewirkte, dass ich mich nun auch für Maria und Marienorte, Kathedralen und heilige Plätze zu interessieren begann – neben den Kultplätzen anderer Kulturen (Inkas, Mayas, Kelten, Steinzeitmonumente etc.), die mich schon seit meiner Kindheit fasziniert hatten. Ich besuchte viele solcher Marien-Orte, also Plätze, die ihr geweiht sind oder an denen sie erschienen war. In Frankreich gibt es auch unzählige *Schwarze Madonnen.* Diese hatten ihre Blüte zur Zeit der Kreuzzüge, und man darf annehmen, dass sie mit den Kreuzrittern nach Europa gelangt sind. Das Vorbild der Schwarzen Madonna mit Kind ist die ägyptische Isis mit dem Horus-Knaben

Meine Favoritin jedoch war und blieb die Jungfrau von Parlatges. Dass ihr Kopf abgebrochen ist, fällt mir gar nicht mehr auf, seit ich sie kenne. Es ist ihre Ausstrahlung, die «es» ausmacht... Ich begab mich manches Mal in das Kirchlein, um vor der Statue zu meditieren oder auch mit ihr zu sprechen. Manchmal zündete ich eine Kerze an, die man damals noch in den mit Sand gefüllten Holzkasten vor der Figur steckte. Ich erhielt meist eine Antwort, aber nicht direkt, sondern etwas später, durch verschiedene Zeichen und Zufälle, die mir im Laufe des Tages passierten, oder in Träumen.

Auch begann etwas Seltsames nach diesem Erlebnis: Ich fand und finde ständig Marien-Medaillons, auf der Strasse, in Wäldern, an Seeufern, vor Parkbänken usw. Einmal klopfte es an der Haustür, die direkt auf den alten Hof hinaus geht. Es waren die Nachbarn, ein älteres Ehepaar, das sich aus einigen Gründen von uns gestört fühlte und die nun mit einem Verbot bei uns aufkreuzten. Just, als sie ihre Ansprache geendet hatten, fiel mein Blick auf ein uraltes silbernes Marien-Medaillon, das schon jahrzehntelang da im Staub gelegen haben mag. Ich war total erstaunt, hob es auf und sagte: «Voyez, un médaillon!» Den beiden gottesfürchtigen Leutchen verschlug es die Sprache. Ich sah an ihren Blicken, dass sie betroffen waren (sie waren sehr katholisch). Sie verabschiedeten sich nun schnell, und ich wusste: Die Sache würde gut für uns ausgehen. Was dann letzten Endes auch so war.

So begann mein Weg zu Maria, zur Göttin. Durch diese Ereignisse wandelten sich allmählich mein Denken und mein Empfinden dem Spirituellen, dem Religiösen gegenüber, und ich fand zurück zu einem «Gottesbild», das ich annehmen konnte: denn nach Jahrtausenden der Herrschaft eines patriarchalischen und strafenden Gottes tritt nun die sanfte, weibliche Seite Gottes wieder in das Bewusstsein.

Diese Marien-Medaillons, die ich ständig fand, waren für mich so etwas wie Vorboten für meine geistige Veränderung, ein Gruss des Himmels, um mich an etwas zu erinnern, das verschüttet war und wieder ans Licht wollte. Ich nahm es an: Es war der Weg zum Spirituellen.

Altes Marienmedaillon, gefunden 1981
vor der Tür unseres alten Hauses
in Südfrankreich.

Der Weg zum Grossen Geist, 1970

Doch eigentlich begonnen hat dieser Weg mit einer Droge: mit LSD. Und zwar mit einem Trip, den ich 1970 mit Freunden an der Sitter eingenommen habe.

Aus einem alten Aufsatz von mir:

Liebe Freunde
Es ist gar nicht so einfach, über jenen LSD-Trip zu sprechen, von dem ich so vollmundig gesagt habe, er hätte mein Leben verändert – zumal ja inzwischen auch weit über dreissig Dezennien vergangen sind…

Aber die *Essenz* davon! Von dieser kann ich erzählen. Denn diese Essenz – die kann ich weder ungeschehen machen, noch kann sie mir je jemand wieder wegnehmen. Und da bin ich sehr froh darüber (über beides).

Begonnen hat diese Geschichte in *London,* und zwar – wer hätte das gedacht? – an einer Schule. Der Eurocenter School in Forest Hill, SE 22. An dieser Schule war ich im Sommer 1969, um etwas wie das *Lower Cambridge* zu machen. Wir hatten das Glück, einen überaus hippen Literaturlehrer zu haben, er hiess John Wilson. Von der ganzen Literaturgeschichte sind mir nur drei, vier Themen geblieben, aber die dafür zu hundert Prozent.

Das erste war *William Blake,* The Songs of Innocence and Experience (Das Buch, von mir gekauft bei Foyles, hat noch heute einen Ehrenplatz in meiner Bibliothek), sowie seine anderen Dichtungen. Blake war Dichter, Maler und Visionär gleichzeitig. Seine spirituellen Visionen sprengten den Rahmen seiner Zeit. Im Gedächtnis geblieben ist mir vor allem ein kleines Gedicht, das die Weite und Grösse seines Denkens zeigt:

To see the world in a grain of sand
And Heaven in a flower
Hold Infinity in the palm of your hand
And Eternity in an hour.

Die Welt in einem Sandkorn sehen
und den Himmel in einer Blume.
Halte die Unendlichkeit in deiner Hand
Und die Ewigkeit in einer Stunde.

Das zweite Thema war *Aldous Huxley,* The Doors of Perception und Heaven and Hell. Hier erfuhr ich erstmals, wie Drogenerfahrung literarisch verarbeitet werden kann. Da stand ein jüngerer Lehrer vor uns (er trug einen kurzen Bart und fuhr einen roten englischen Sportwagen), der uns in diesen Literaturstunden nahebrachte, dass die Einnahme gewisser Drogen zu einer Bewusstseinserweiterung führen könne und zu einer anderen, direkteren, Wahrnehmung der Welt.

Von dieser anderen, direkten Wahrnehmung der Welt ging John direkt zu *Vincent Van Gogh* über, und zwar mittels eines einzigen Gemäldes, dem *Stuhl* in jenem Zimmer in Arles. Es ist ein strohbezogener Holzstuhl, der da einfach in diesem Zimmer steht. Ich kannte das Bild, aber nachdem John eine Weile über Vincent und diesen Stuhl gesprochen hatte, machte es plötzlich «Klick» in meinem Kopf: Ich wusste, was er meinte, und von da an sah ich diesen Stuhl auch so. Wie? Es war der Stuhl an sich, es war der Stuhl, den Vincent so sah, wie er war – er fügte nichts hinzu, er nahm nichts weg, und trotzdem war der Stuhl anders als die Stühle, die andere Maler vor ihm malten. Da war so ein Leuchten von innen heraus, dass man fast denken konnte: Dieser Stuhl lebt!

Ein weiterer Hinweis war *«The overwhelming question»,* übersetzt: die überwältigende Frage. Ich weiss weder von welchem Schriftsteller, noch aus welchem Buch. Geblieben ist mir dies, weil die überwältigende Frage alles Wichtige im Leben umfasst: Was ist der Sinn des Lebens? Woher kommen wir? Wohin gehen wir?

Ja, und jetzt sind wir mitten im Thema. Bei einem Trip geht es um dies: das Leben zu verstehen, eine Antwort zu erhalten auf die grosse Frage. Zusammenhänge zu begreifen, vielleicht auch sich selbst... Ins Innere der Dinge sehen...

Alles lebt. Auch die so genannt tote Materie. Ich sage das, nicht weil ich es irgendwo gelesen habe, sondern weil ich es selber erlebt habe, bei diesem «legendären» Trip an der Sitter (Legendär natürlich nur in meiner Biografie). Ich hatte das Glück, dass ein guter Freund, Carlo, mich dabei begleitet hatte. Wenn ich mich recht erinnere, hatte er nichts genommen. Marlen und Bobby waren auch dabei, aber sie beide waren etwas abseits, oder mit sich selber beschäftigt. Als der Trip in voller Stärke da war, nahm ich mich auf dieser steinigen Halbinsel wahr, das Rauschen des Flusses, die Bäume, die in den Himmel ragten, die Vögel jubilierten, ich war eins mit der ganzen Schöpfung. Jeder kleine Stein, auf dem ich sass und den ich sah, lebte, leuchtete und erzählte mir seine ganz eigene Geschichte. Auch das Schwemmholz vibrierte vor Leben. Ich *wusste* plötzlich! Wusste die Antwort auf «die überwältigende Frage». Alles war ganz klar. Noch nie hatte ich mich so lebendig, zufrieden und eins gefühlt mit Allem. Im Herzen wusste ich jetzt, dass es ein Schöpferwesen gibt – Gott. Ich hatte gesehen und gespürt: Reines Licht, reine Liebe! Das war wirklich überwältigend, *overwhelming*... Ich war sprachlos, wollte dies Carlo mitteilen. Er nickte nur und lächelte. Ich hatte kein Wort gesprochen, doch er hatte mich verstanden und ebenso wortlos geantwortet. Eine Weile später passierte mir mit Marlen dasselbe, wir kommunizierten telepathisch miteinander. Der eine wusste schon, was der andere sagen wollte...

Bewusstseinserweiterung – wie unzulänglich dieses Wort, um auszudrücken, was ich damals erlebt habe. Und dennoch trifft es den Kern. Was es für mich an praktischen Konsequenzen hatte? Seit damals sehe ich mich als einen Teil der Schöpfung, wie die Spinne, den Vogel, den Stein – ich bin einfach ein Mosaikstein im grossen Gewebe des Ganzen. Und ich kann darüber reflektieren und mich daran freuen. Ein Gefühl der Dankbarkeit ist mit diesem Erlebnis verbunden; und so etwas wie Demut hat ebenfalls Einzug gehalten in mein Denken und Fühlen.

Das Verarbeiten dieses Trips nahm längere Zeit in Anspruch. Zum einen war eine Neuorientierung meines Lebens die Folge, zum andern bescherte er mir eine neue und tröstlichere Sicht auf die Welt. Ich will aber nicht verschweigen, dass es in meinem Leben auch Horror-Trips gegeben hat. Aber dies ist ein anderes Kapitel. Und ein solches möchte ich lieber nicht mehr erleben.

Chris
26. Januar 2006

Nachsatz dazu am 16. Juli 2019:
Dieser Trip vor allem war es, der mich (wieder?) auf den Weg des Geistigen, des Spirituellen brachte.
Und ich wusste vom ersten Moment an: Dieser Weg ist unumkehrbar.

Etwa ein Jahr nach diesem Aufsatz beschloss ich, eine Webseite herauszugeben. Wegen eines Burn-Outs stieg ich 2007 mit 60 Jahren aus meinem Buchhändler-Beruf aus, um mich fortan dem Schreiben zu widmen, anstatt Bücher zu verkaufen.

Auszug aus meiner Webseite www.LichtNetzWerk.ch

«Ich bin am 17. April 1947 geboren und habe die letzten 25 Jahre als Buchhändler in einer grossen Buchhandlung gearbeitet, wo ich die esoterische Abteilung aufgebaut und geleitet hatte – eine Arbeit, die mir viel Spass und Befriedigung brachte. Durch eine grosse persönliche Krise im Sommer 2006 sowie Umstrukturierungen im Geschäft, die einen immer grösseren Stress mit sich brachten, geriet ich in den Sog eines Burn-Out. Es war mein Körper, der mir sagte: Halt! So kannst du nicht weitermachen! Während dieser Phase der Krankheit wurde mir plötzlich klar, dass mir diese Krankheit «geschickt» wurde, damit ein Umdenken in mir passieren konnte – und so fasste ich den Entschluss, meinen Beruf an den Nagel zu hängen. Es gab zwei Gründe für diesen Entscheid: Erste Priorität hatte meine Gesundheit. Ebenso wichtig war mir aber, mehr Zeit für meine eigenen Ideen und Projekte zu haben, die immer mehr ans Licht drängten. So kündigte ich meine Stelle auf Sommer 2007, um mich selbständig zu machen. Es tat mir leid, den Kontakt zu einer mir lieb gewordenen Kundschaft zu verlieren, doch schwebte mir vor, diesen übers Internet aufrecht zu erhalten.

In der Vollmondnacht vom 3. März 2007 kam mir dann der Gedanke zu dieser Website, und auch der Name «Lichtnetzwerk» fiel wie ein Sterntaler vom Himmel – bei Vollmond und gleichzeitiger Mondfinsternis… So nimmt jetzt etwas seinen Fortgang, für das schon in den Siebziger Jahren der Keim gelegt wurde.»

Soweit die Abstecher zu Maria und der Göttin. Denn Abstecher sind es ja, da sie nicht direkt mit einem früheren Leben zu tun haben. Vielleicht weisen sie darauf hin, weshalb das Göttliche sich plötzlich Bahn brach in meinem Leben?

An dieser Stelle kommt mir eine liebenswerte Begebenheit in den Sinn, die ich 1967 erlebte.

Der liebe Gott auf der Solitüde, 1967

Es war Herbst, die Luft war klar, ein warmer Föhnwind blies und machte, dass ich noch an den Sommer glaubte ... Ich hatte die RS hinter mir und deshalb ein paar freie Tage, bis ich wieder zur Arbeit musste. Nichts hielt mich in der Wohnung, und so beschloss ich, meinen Kopf auf der Solitüde oben in den Wind zu halten und auszulüften. Ich stieg das kleine Strässchen hügelan und zog am alten Restaurant «Solitüde» vorbei, weiter hinauf bis zum «Spitz», wie mein Schulschatz Jacqueline ihn immer genannt hatte. Dort oben gab es ein Panorama auf einem kleinen Mäuerchen, das die Form eines umgekehrten V hatte. Das war mein Lieblingsplatz während der Herbststürme. Ich stellte mich jeweils auf dieses Podest und spielte mit dem Wind, und der Wind spielte mit mir. Der Trick war, nicht herunter zu fallen. Brauste eine stärkere Bö heran, konnte ich mich regelrecht dagegen stemmen und mich im starken Wind wiegen. Wahnsinn! Liess der Sturm für einen Moment nach, konnte es passieren, dass ich nach vorne und hinunterfiel. Diese Runde hatte dann der Sturm gewonnen – da hiess es, hügelab rennen, bis einem ein Stopp gelang.

Als ich fast oben angelangt war, bemerkte ich einen kleinen Jungen – vielleicht sechs Jahre alt – der im Gras sass. Was macht der kleine Bub so allein da oben? fragte ich mich und dachte gleichzeitig, dass ich nun mein Windspiel wohl ausfallen lassen sollte. Ich grüsste ihn, und er antwortete «hoi».

«Darf ich mich zu dir setzen?» fragte ich ihn.

«Ja», sagte er und schaute mir in die Augen. Ich war beeindruckt von seinem Blick: blaue Augen, so ernsthaft, so ruhig. Ich fragte ihn, was er hier oben mache.

«Luege», sagte er einfach. Dieses Wort wanderte direkt in mein Herz, Wärme breitete sich in mir aus – welch ein Kind!

«Und was machsch du?» fragte er mich.

«Ich bi do ufecho wäg em Wind, wägem Sturm», teilte ich ihm mit.

«Ah», gab er zur Antwort.

Wir schauten uns an, wie wenn wir ergründen wollten, wer der andere sei. Wir schwiegen und blickten ins Tal. Der Wind liess die Blätter in der Luft tanzen.

Was soll ich reden mit ihm? fragte ich mich. Was sagt man einem kleinen Jungen, der allein auf einem Berg sitzt? Mir schien, dass er das Herz eines

Philosophen habe… Nein, eines Weisen. Auch nicht: Er hatte ganz einfach das Herz eines Kindes! Ich spürte eine starke Zuneigung zu diesem Buben, zu seinem Wesen. Da schien etwas Verwandtes zwischen uns zu sein.

Er hatte plötzlich ein kleines Blatt Papier in der Hand, einen Stift in der anderen und begann zu zeichnen. Zielstrebig fuhr seine Hand mit dem Bleistift über das Papier, und eine Zeichnung entstand. Ich erkannte eine Wiese, Blumen, Wolken – und etwas Nebulöses neben der Wolke.

«Für dich», sagte er und überreichte mir das kleine Bild.

Ich nahm es und schaute es aufmerksam an.

«So schön! Danke vilmol. – Und was isch das neb de Wolke?», fragte ich ihn dann.

«Das isch de lieb Gott.»

Ich war überrascht, überwältigt. Die Tränen standen mir zuvorderst, aber ich liess sie nicht fliessen.

«Danke», sagte ich nochmals. «Du häsch mir denn e Freud gmacht. So e schöni Zeichnig!»

Da war ein spontaner Impuls, ihn zu umarmen – das tat ich aber nicht. Er erschien mir wie ein Engel, ein Geschenk des Himmels. So berührte ich nur seine Hand und sagte ihm, dass sein Bild mir sehr wichtig sei. Und auch unser Gespräch. Und die Zeit, die wir hier oben miteinander verbracht haben. Er lächelte mich an.

Gleichzeitig, wie auf Kommando, erhoben wir uns und liefen zusammen ein Stück weit den Hügel hinab. Auf halber Höhe blieb er stehen, sagte: «Ich mues ez do abe» und zeigte nach rechts. «Und ich do.» Meine Hand wies nach links unten, auf die Blocks an der Solitüdenstrasse, wo ich wohnte. Hier trennten wir uns. Mit einem Glücksgefühl im Herzen sah ich ihm nach. Da drehte sich der Bub noch einmal um und winkte.

Die Zeichnung legte ich in mein Portemonnaie, um sie immer bei mir zu haben. Jedes Mal, wenn ich sie betrachtete, sah ich uns da oben sitzen, im Herbststurm auf der Solitüde, und mir schien, der namenlose Kleine hätte unsere Begegnung gezeichnet.

Nachgeschichte

Ein paar Jahre später wurde mir an einem wilden Fest in einem Künstleratelier mein Portemonnaie gestohlen. Ich war traurig, dass nun die Zeichnung verloren war, das Geld kümmerte mich nicht. Am nächsten Tag rief ich auf dem Fundbüro an und beschrieb meine Geldbörse. Tatsächlich war eine beim

Friedhof Feldli gefunden und abgegeben worden. Es war meine! Die Zeichnung allerdings befand sich nicht mehr darin.

Aber dieses kleine Bild mit dem lieben Gott auf der Solitüde konnte mir nicht wirklich gestohlen werden: Denn es ist für immer in meinem Herzen.

Wenn ich heute zurückdenke an diese Begegnung, kommt sie mir vor wie ein feiner Wink vom Göttlichen, als ich gerade dabei war, ins Erwachsenenleben zu treten, aber noch am Suchen war, was genau ich denn wollte. Es folgten Jahre des Arbeitens, unterbrochen von längeren Ferien-Perioden, des Umherreisens; dann die Zeit der Unruhe, der 68er Revolte. Die Hippie-Bewegung, *Peace and Love,* zogen mich an – und meine Freundin Marlen auch. Dass mein Weg nicht der Weg des Kampfes, schon gar nicht des bewaffneten, war, wurde mir bald klar. So stellte ich in jener Zeit die Weichen.

Aber zurück zum Thema, meinen früheren Leben. Denn irgendwie, irgendwann möchte ich ja wieder in meinem *jetzigen* Leben ankommen. Vielleicht, um etwas Unerledigtes abschliessen zu können?

Mönchsschüler im Allgäu, um 1830

Nach diesem Ausflug in die 1960er Jahre wenden wir uns wieder dem Eingangskapitel, dem Kloster Abbazia zu. Ganz unmöglich scheint es mir nun nicht mehr, dass ich einst ein Leben als Mönch in einem spanischen Kloster verbracht haben könnte. Und nicht nur in einem spanischen, nein, vielleicht auch in einer Abtei in einheimischen Landen. Denn immer wenn ich eine bestimmte Art von Glocke läuten höre – mit jenem heiteren hellen Ton – tritt mir ein Bild vor Augen: Ich wandere in einer Wiesenlandschaft, im Hintergrund sind Wälder und davor steht ein Kloster. Die Glocke läutet, und ich weiss, ich muss mich sputen, um nicht zu spät zu kommen... Damit verbunden ist ein starkes Gefühl von «Daheim». Diese Szene sehe ich immer wieder, wenn ein *Klosterglöcklein* läutet. Wenn ich hineinspüre, könnte es in Süd-Deutschland sein, vielleicht im Allgäu. Und ich wundere mich, dass ich mich immer als ganz junger Mönch fühle, wenn ich in dieser Szene «bin».

Immer wenn ich ein Klosterglöcklein läuten höre, tritt mir ein Bild vor Augen:
Ich wandere in einer Wiesenlandschaft, im Hintergrund sind Wälder und davor steht
ein Kloster. (Kloster Wonnenstein, Niederteufen AR)

Ende 1980er Jahre kaufte ich mir die Langspielplatte «Die Glocke und ihr Geläute». Als ich sie abspielte, passierte mir dasselbe, als eine bestimmte Glocke zu läuten begann. Der Sprecher nannte sie die älteste datierte Glocke Deutschlands, Gussjahr 1209. «Sie läutet in Rambeck am Bodensee und hat einen sehr klaren, frischen Klang.» Als ich sie hörte, befand ich mich wieder auf jener Wiese auf der Alm. Rambeck am Bodensee allerdings habe ich auf keiner Karte gefunden.

Eigentlich hatte ich mit diesem schönen Bild meine Mönchserlebnisse beenden wollen. Aber etwas in mir drängt, auch von einer Begebenheit zu berichten, die nicht so harmonisch daherkommt. Ich habe lange gezögert, dieses Erlebnis in das Buch aufzunehmen, aber nun will ich es tun, weil es dazu gehört, weil es auch zu mir gehört.

Nach meiner Trennung von Mona verkaufte ich das Haus und zog am 1. September 2018 in eine kleine 2½ Zimmer Wohnung, die ich von Anfang an meine «Klause» nannte, und wo ich das erste Mal in meinem Leben allein wohnte. Einsiedler in seiner Höhle – das war eine rechte Umstellung. Schon bald fiel mir auf, dass mein sowieso schon reges Traumgeschehen hier noch zunahm. Und etwas Neues stellte sich ein: Am 28. November 2018 erwachte ich um vier Uhr herum mit einem Bild in meinem Kopf. Ich wachte nicht wegen eines Traumes auf, aber ich begann im Dunkel meines Zimmers zu «sehen». Hier folgt – leicht gekürzt – mein Tagebucheintrag dieser Vision:

Mönch in der Nacht

Das war kein Traum, ich erwachte so um vier Uhr mit einem Bild im Kopf. Ich war ein junger Klosterschüler und lag auf einer Pritsche, es war stockdunkel. ich spürte einen Menschen neben mir.

Er flüsterte etwas, das ich nicht verstand, aber ich merkte, dass es ein älterer Mitbruder war. Dann zog er meine Kutte hoch und schob seine Hand unter mein Gesäss. Ich regte mich nicht. Nun begann er mit der anderen Hand an meinem Glied herumzufingern. Ich fühlte mich wie in einem weichen Schraubstock. Mir war bewusst, dass dies verboten war, dennoch löste es in mir drinnen auch wohlige Gefühle aus. Ich wagte kaum zu atmen, als plötzlich die Glocke läutete. Hastig liess der Bruder mich los und eilte aus der Zelle.

Ich jedoch blieb liegen, mit seltsamen, widerstrebenden und verwirrten Gefühlen. Ich war ein junger Klosterschüler, wusste aber meinen Namen nicht, auch nicht den meines Mitbruders, noch den Namen des Klosters. Aber in mir dachte es deutsch, nicht schweizerdeutsch. Da verblasste die Vision.

Nach einer Weile im Dunkel machte ich Licht, um das Erlebte niederzuschreiben. Während der Vision hatte ich das Bewusstsein dieses jungen Klosterschülers gehabt, eines Knaben noch. Gleichzeitig wusste ich, dass ich Christian war, der dies alles soeben «erlebt» hatte. Ich sah das Geschehen nicht von aussen, sondern war darin involviert. Auch war ich als Christian nicht der 71-jährige Mann, der ich bin, sondern ich spürte und fühlte als der etwa achtjährige Christian. (Das ist übrigens etwas, das mir auch im Alltag immer wieder passiert: dass ich in bestimmten Situationen fühle und denke, wie ich fühlte und dachte als das Kind, das ich einmal war.)

Während des Schreibens begann es mich an verschiedenen Stellen meines Körpers zu jucken, so stark, dass ich kratzen musste. Ich fragte mich, ob es da wohl einen Zusammenhang gebe mit dem, was ich soeben erlebt hatte. Ob meine Hautprobleme vielleicht auf eine alte oder ur-alte Geschichte zurückzuführen seien? Das sind natürlich Spekulationen. Aber es war mir halt «in den Sinn gekommen».

Die Disziplin der kleinen St. Galler Mönchsschüler: «Keiner hält sich auf, um die verschütteten Äpfel aufzuheben.» So beobachtet von Karl Borromäus anlässlich seines Besuchs in St. Gallen im August 1570.

Es hat mich grosse Überwindung gekostet, dieses Erlebnis niederzuschreiben. Seltsamerweise schämte ich mich. Nun habe ich es aber doch getan, und etwas in mir ist jetzt erleichtert und froh.

Was das Alter der Mönchsschüler angeht, so erinnerte ich mich, dass ich in meinem Buch «Gallusland» einen Abschnitt darüber verfasst hatte. Bevor Kolumban mit Gallus und den anderen Mönchsbrüdern nach Bregenz gezogen war, hatte er in Luxeuil (in den französischen Vogesen) ein Kloster mit strengen Regeln gegründet. Nachstehend zitiere ich aus meinem Buch:

Alter der Mönchsschüler

In Luxeuil hatte es Schüler jeden Alters, das Mindestalter jedoch betrug sieben Jahre. Kolumban schien es zu schätzen, wenn die Knaben in diesem zarten Alter schon ins Kloster eintraten. Er nennt die Qualitäten dieses infans (Kind) oder iuvenculus (Knäblein), wie er sie zuweilen nannte:

«Es verharrt nicht in seinem Zorn,
es ist nicht nachtragend,
es ergötzt sich nicht an der Schönheit der Frauen,
es sagt, was es denkt.»

(Epistula III in: Cugnier, Histoire du monastère de Luxeuil, Band I, S. 94. Schmid, Gallusland, S. 103)

WER bin ich?

All dies, was ich beschrieben habe, trage ich in mir. Wie soll ich es einordnen? Ein paar Grundfragen stellen sich mir:

WER bin ich?
Wer ist ICH?
Hat es mich schon einmal gegeben?
Und: War ich damals ein anderer?
Aber mit demselben innersten Kern, derselben Seele?

Werde ich in jedem Leben immer derselbe sein, nur mit einem anderen Aussehen, einem anderen Schicksal? Vielleicht auch mit wechselndem Geschlecht?

Ich kann es nicht wissen. Dennoch ist eine tiefe Überzeugung in mir, dass dem so ist. Dass wir wieder und wieder kommen. Vielleicht so lange, bis etwas erfüllt ist.

Nun bin ich fast am Schluss angelangt. An dieser Stelle möchte ich noch einmal umkehren. Zurück in meinem jetzigen Leben in das Jahr 1954.

Wer bin ich? Oder ist es jemand anders?
(Der Autor im Lift des City-Hotel in Biel, Juli 2019)

«Mami, und was kommt HINTER dem Himmel?»
(Wolken-Himmel über Parlatges, Juni 2016)

Ich bin sieben Jahre alt und sitze auf dem WC meiner Grosseltern in Netstal/
Glarus, Schweiz, Welt. Ich betrachte den Linoleumfussboden mit seinen ver-
schlungenen, farbigen Mustern und den Türstopper aus Gummi. Die Muster
lassen mich alles Mögliche sehen: Menschliche Gesichter, Autos mit Gesich-
tern, Tiere, Zwerge … Ich drifte ab ins Tagträumen und denke darüber nach,
wie riesig gross die Welt doch ist. In dem Moment kommt ein Gedanke zu
mir: Die Welt ist so unendlich gross, dass es nochmals einen Buben gibt genau wie mich – gleich alt, er sieht aus wie ich, macht und denkt das gleiche.
Ja, auch er sitzt jetzt auf der Klosettschüssel, sieht dieselben Muster auf dem
Linoleum wie ich, den Türstopper aus Gummi und denkt:

   *«Die Welt ist so riesengross, dass es noch einen Buben gibt genau wie mich,
gleich alt, der so aussieht wie ich, und der jetzt genau das gleiche denkt wie ich.»*

«Was machste denn so lange auf'm Klo?!» ertönte da die Stimme von Omi,
die wahrscheinlich das Mittagessen fertig hatte.

92

«Mmhmm…», brummte ich, «ich chum ja scho.»

Was verstehen die Erwachsenen schon von Türstoppern und der Welt. Dennoch fragte ich meine Mutter bei der nächsten Gelegenheit, wie gross die Welt denn sei und der Himmel darüber. Da hörte ich erstmals das Wort «unendlich».

«Das kann doch nicht sein, dass es unendlich weitergeht. Der Himmel muss doch irgendwann, irgendwo aufhören, oder nicht?»

«…»

«Und was kommt denn HINTER dem Himmel?»

«…»

Dieses Rätsel brachte mich ganz aus dem Häuschen; ich wurde kribbelig, fühlte mich wie zum Aus-der-Haut-fahren. Aber ich merkte, dass ich von meiner Mutter keine Antworten auf diese Fragen erhalten konnte. Ich fühlte mich verloren und winzig angesichts dieser Unendlichkeit, die immer weiter und weiter und weiter gehen soll… ja, wohin denn?

Ich zähle jetzt zehn Mal mehr Jahre als damals – aber eine Antwort auf meine Frage habe ich noch von niemandem erhalten, auch in all den gescheiten Büchern nicht, die ich seither gelesen habe.

Macht nichts.
Schau'n ma mal…

Nachhall

1. Flashlights

Flashlights passieren mir seit meiner Kindheit immer wieder. Ausgelöst werden sie durch etwas Profanes: das Hören eines bestimmten Liedes; den Klang eines Klosterglöckleins; beim Lesen eines Buches, wenn ich auf eine Stelle stosse, die mich triggert (als ich als Zwölfjähriger die Kolumbus-Geschichte las, war ich plötzlich auf dem Schiff, hörte den Sturm toben und die Planken knarren); oder mitten in einem Gespräch, wenn jemand ein bestimmtes Schlüsselwort fallen lässt. (Das schottische Wörtchen «Yee» hatte einen regelrechten Gefühlssturm in mir ausgelöst.)

Heute kann ich besser einordnen, was ich als Kind noch nicht so recht verstand. Viele meiner Einblicke in frühere Leben waren so etwas wie ein *flash* – ein Aufblinken. Nicht immer ausführliche «Filme», sondern Momentaufnahmen, die aber so intensiv waren, dass ich urplötzlich in jenem anderen Leben «war». Meist als Beteiligter, manchmal als Beobachter. In letzteren Fällen sah ich von oben auf die Szene herab. (Wie in Kells, als ich mich in der Mönchs-Schar zur Kirche eilen sah.)

Direkt beteiligt war ich hingegen in der Vision des missbrauchten Knaben. Da erlebte ich die ganze Sache wie von innen: Ich war das Kind, dem es geschah.

Ich bin überzeugt, dass es die Resonanz ist, die man zu einer Situation, einem Menschen, einem Erlebnis oder einem Gedanken hat. Da wird – klick! – im selben Moment eine Verbindung hergestellt, und dann sehe ich ein Bild, bekomme ein ganz vertrautes, warmes Gefühl oder gar eine Vision und die innere Gewissheit: Das habe ich schon einmal erlebt, da bin ich schon einmal gewesen – in einem früheren Leben.

Bild «Zufriedenheit» aus dem Zyklus «Loslassen und inkarnieren» von Karl Fürer, einem langjährigen Freund und Seelenverwandten

2. Hinübergegangene Freunde

In meinem Alter hat man in der Regel schon einige Freunde diese Welt verlassen sehen. Das ist immer traurig, vor allem wenn ein Mensch jung stirbt, oder unerwartet. Tröstlich kann es aber sein, wenn wir erfahren dürfen, dass die Verstorbenen gar nicht «tot» sind, sondern im Jenseits weiterleben. Einige meiner sehr nahen Freunde haben sich nach ihrem Hinübergehen auf die eine oder andere Weise bei mir gemeldet. Davon möchte ich nachstehend berichten.

Steff H.
2005 gestorben, mit etwa 50 Jahren

Campari Soda
von der Band TAXI

Ich nime no 'n Campari Soda
Wiit under mir liit s Wulchemeer
De Ventilator summed liisli
Es isch als gäb's mich nüme meh.

Ich nime no 'n Campari Soda
Wiit under eus liits Näbelmeer
De Ventilator summed liisli
Es isch als gäb's mich nüme meh.

Dieses Lied hörte ich zum ersten Mal, als ich mit meinen Töchtern bei Steff H. und seiner Familie im Prättigau in den Ferien war. Es gefiel mir so, dass er das Tonband, wo das Lied drauf war, für mich immer wieder spielen liess. Dann nahm er es auf und gab mir das Bändli mit

Es war ein grosser Schock, als Steff ein paar Jahre später plötzlich, völlig unerwartet, verstarb. Als ich im Auto auf den Friedhof in dem kleinen Dorf zur Beisetzung vorfuhr, wollte ich mich etwas ablenken von meiner Trauer und drückte auf die Tonbandtaste, ohne zu wissen, welches Tonband eingelegt war. Da ertönte das melancholische Lied Campari Soda von TAXI aus dem Lautsprecher. Das Tonbändli von Steff mit ebendiesem Lied! Nun überschwemmte mich die Trauer erst recht. Tränen schossen mir in die Augen, als Dominique Grandjean sang:

Es gab Steff nicht mehr – und doch war er voll präsent, hier in meinem Auto. – Aber auf jener anderen Ebene… denn er besuchte mich ja soeben mit diesem kleinen Lied! Zufall? Natürlich. Es war mir zugefallen. Aber die Trauer über seinen Weggang blieb und war sehr gross. Bei seiner Frau, seinen Kindern, Freunden, Arbeits- und Musikerkollegen.

Es wäre nicht normal, wenn man nicht trauerte, nur weil man weiss: Der Weggegangene lebt weiter in einer anderen Welt.

Meine Mutter Lotte Schmid-Ries
2008 gestorben, mit 85 Jahren

1923 geboren in Warnsdorf, im Sudetenland (damals Tschechoslowakei)
ihr Vater: *Heinrich Ries,* Auslandschweizer (Sisseln AG),
Textilexperte und -Erfinder
ihre Mutter: *Else Strobach,* Sudetendeutsche

Meine Mutter starb am 18. April 2008, einen Tag nach meinem 61. Geburtstag. Ich war schon den ganzen Nachmittag bei ihr gewesen, als das Telefon läutete. Es war Mona, wir sprachen eine Weile miteinander, als ich meine Mutter im anderen Zimmer etwas sagen hörte. Ich hängte auf und ging zu ihr. Da war sie schon hinübergegangen. Hatte sie mir noch etwas sagen wollen? Hatte sie etwas gesehen?

Am Montag darauf, spätabends, erhielt ich ein SMS von Mona: «Lieber Chris, ich wollte dir noch mitteilen, dass Sofia in der heutigen Meditation gesehen hat, *wie deine Mama von mehreren Tibetern begleitet wird, von hohen Lamas.*»

Da war ich sehr berührt. Tibet, der tibetische Buddhismus, hatten eine grosse Rolle gespielt in ihrem Leben (ausführlich beschrieben in meinem Buch *You Really Got Me*).

Hazi H.
2.9.1948–10.1.2010

Einer meiner ältesten Freunde starb zu früh, mit 61 Jahren. Seine Frau Erika fragte mich, ob Ich die Totenwache halten wolle, was ich gerne tat. Die ganze Nacht wachte ich bei ihm in seinem Zimmer.

In den zwei Jahren vor seinem Tod hatte er mich oft besucht und mir selbstgebrannte CDs mitgebracht, quasi eine Hazi-Hitparade, auf denen er seine Lieblingsmusik aufnahm. Die Reihe beginnt mit Auswahl 2008 und 2009, dann folgen Musicbox Vol. 1–9 sowie Sixties Vol. 1–4.

Wir sprachen über alte Zeiten – wild waren sie gewesen, die Sixties. Da gab es viel zu erzählen. Wir sprachen aber auch über Philosophisches, den Tod, seinen nahen Tod.

Einmal sagte ich zu ihm, dem Atheisten: *«Wenn du drüben dann merkst, dass das Leben nach dem Tod doch noch weitergeht – gibst du mir dann ein Zeichen?»* Er überlegte kurz. «Ja, mach ich», antwortete er dann, freundlich – und skeptisch.

Über ein Jahr lang hörte ich nichts, aber am 4. Februar 2011 hatte ich einen seltsamen Traum. Nachstehend, was ich damals ins Tagebuch geschrieben habe:

«Ich habe Hazi getroffen und wollte ihm unbedingt etwas sagen, und zwar: *«Du, Hazi ist gestorben.»* Er lächelt mich mit dem ihm eigenen schiefen Lächeln an und antwortet: *«Du, ich bin ja da! Ich bin nicht gestorben. Ich lebe, siehst du?»* Ich Doofmann klatsche mir mit der Hand auf die Stirn. Klar, er steht ja vor mir, lebendig, gesund, in seinem hellgrauen Tschoopen!

Nach dem Erwachen dachte ich sofort: Hazi ist gekommen, um die Abmachung einzuhalten.

Hier möchte ich noch anfügen, dass ich etwa seit meinem 25. Lebensjahr meine Träume aufschreibe, jedenfalls die, die mir wichtig erscheinen. Schon bald habe ich gemerkt, dass Träume wichtige Rat- und Hinweisgeber sein können.

Gäbi L.
30.3.1951–2.7.2010

Gäbi, ein sehr naher Freund seit unseren Jugendjahren, verstarb viel zu jung, mit 59, als er vor dem Fernseher ein Autorennen anschaute. In der Kirche in Teufen durfte ich eine der Abdankungsreden für ihn halten. Als ich nachher zu seinem Sarg ging, sah ich meinen Freund plötzlich etwa einen Meter über seinem Sarg sitzen, im Schneidersitz, mit offenen Augen und lächelnd, wie fast immer. Nach etwa einer halben Minute verblasste das Bild. Als ich es seiner Schwester Rishu erzählte, sagte sie: «Ja, ich habe ihn auch gesehen.»

Am selben Abend der Beerdigung hatten Mona und ich ein seltsames Erlebnis: Es war so gegen 22 Uhr, als Mona und ich in der Küche beim Abwasch waren. Da sagt Mona plötzlich: «Du, was ist da in der Orangenpresse?» Das «Ding» war rosa und hellgrün. Es war ein grosser Schmetterling!*

Er war reglos, aber als ich den Finger hinhielt, krabbelte er darauf. Ich ging nach draussen in die warme Sommernacht, wollte ihn auf einen Ast oder eine Blume setzen. Da begann er wie wild mit den Flügeln zu vibrieren. Vielleicht waren sie nass gewesen und er wollte sie trocknen? Ich war ganz berührt von diesem zarten und feinen Geschöpf auf meiner Hand… Der Falter flirrte und flirrte, und plötzlich flog er auf in den Nachthimmel.

Mona und ich hatten beide denselben Gedanken: Gäbi! Ich denke, das Universum hat uns diesen wunderschönen Nachtfalter vorbeigeschickt, als Boten von unserem Freund. Als kleinen letzten Gruss vielleicht. Das Universum hätte keinen besseren Überbringer wählen können, habe ich Gäbi doch mit einem Schmetterling verglichen in meinen Abschiedsworten. Auch ist der Schmetterling DAS Symbol für Transformation, Wandlung, Wiedergeburt, Neubeginn. Für das Leben überhaupt.

* Wir haben in einem Buch nachgeschaut: Es war ein Mittlerer Weinschwärmer. Flügelspannweite 4,5–6 cm

Carlo P.
1.7.1954–23.3.2020

Carlo kennt ihr schon von meinem Trip an der Sitter. Seit damals, 1970, bis zu seinem Tod, sind wir eng befreundet geblieben, obwohl Carlo mit Frau und Kind nach Australien ausgewandert war. Briefe, Telefonate, später lange E-Mails mit Fotos, sowie gegenseitige Besuche hielten unsere Freundschaft lebendig.

Anfang Dezember 2018 starb Sylvia nach längerem Leiden, was Carlo völlig aus der Bahn warf. Im Januar 2019 schrieb er mir: *«Mit mir geht's bergab.»* Am 23. Dezember 2019 erhielt ich ein Päckli aus Australien: von Carlo. Darin befanden sich zwei Edelsteine: ein Herkimer-Kristall und ein blauer Kyanite. Und ein kurzer Brief:

> *Lieber Chris,*
> *das sind meine zwei Lieblings-Kristalle, die ich dir gerne schenken möchte –*
> *ein Wunderwerk der Natur. Viel Glück mit beiden. Ich wünsche Euch Allen*
> *alles Liebe und Gesundheit für 2020. I love you very much!*
> *Carlo*

Ich freute mich über dieses Weihnachtsgeschenk! Aber ein Wermutstropfen schimmerte durch die Zeilen… Carlo war schon seit einigen Jahren nicht mehr so fit gewesen, und ich deutete diese Steine als ein Abschiedsgeschenk.

Wir hatten noch telefonischen und E-Mail Kontakt, aber von Carlos Seite her nicht mehr so häufig. Am 9. März 2020 hatte ich einen eigenartigen Traum, in welchem Carlos Tod das Thema war. Seltsamerweise kam Sylvia darin vor, die ja nicht mehr lebte. – Als ich fast zwei Wochen nichts von meinem Freund hörte, schrieb ich ihm folgende E-Mail:

21. März 2020
Carlo, mein lieber Freund,
Am 9. März erwachte ich mitten in der Nacht und erinnerte einen Traum,
der von Sylvia und dir handelte. Hier das Wichtigste daraus:
Marlen und ich reisten für ein Seminar zu euch nach Australien. Wir wohnten in Sylvias Haus. Rund um das Gebäude waren überall Weinberge. «Sylvia hätte den Weisswein pflanzen sollen», sagte einer meiner Begleiter. «Sie hat nun wirklich andere Sorgen», antwortete ich ihm. «Carlo ist gestorben. Da kannst du doch nicht erwarten, dass sie einen Weinberg pflanzt.»

Als ich erwachte, war ich fast sicher, dass du im Begriff bist, dich von diesem Leben zu verabschieden.

Da ich schon eine Weile nichts von dir gehört habe, schreibe ich dir nun.

Seit meinem Traum, lieber Freund, sind deine zwei Kristalle ständig auf meinem Stubentisch, und seit ein paar Tagen brennt auch immer eine Kerze. Vorhin habe ich Atom Heart Mother von Pink Floyd aufgelegt – du weisst schon! In Gedanken bin ich bei dir.

Wir hatten so viele gute Gespräche und Erlebnisse! Wir beide wissen, wohin du gehst. Darüber braucht es keine Worte mehr.

Ich liebe dich. Auf Wiedersehen, mein Freund!

Licht und Frieden wünscht dir

Chris

22. März 2020

Lieber Christian,

Danke warst du dein leben lang mein bester freund. Das mit dein traum ist ja merkwürdig…

Ich habe einen sehr aggressiven magen krebs, ich habe das schlusselbein gebrochen, was man nicht operieren konnte, und seitdem kann ich nur im spitalbett zuhause liegen…

Mit den kindern ist alles in bester ordnung. Und es ist zeit für mich, heute zu gehen. Ich hoffe wir werden uns wieder treffen. Mit meinen liebsten grüssen an dich und deine familie.

So long my friend,

Carlo

Am Morgen des 23. März ist Carlo hinübergegangen. Er war Goldschmied gewesen. Und ein ziemlich verrückter Kerl.

Schon wieder war ein guter Freund gegangen… Bei seinem letzten Besuch bei mir an der Curiestrasse hatten wir abgemacht, dass der, welcher zuerst stirbt, sich beim anderen aus dem Jenseits meldet. Carlo war überzeugt von der Wiedergeburt. Er kannte ein Leben von sich als nordamerikanischer Indianer-Krieger.

Mein lieber verrückter Freund fehlte mir. Wir hatten einen so intensiven Kontakt gehabt während fast fünf Jahrzehnten – und nun plötzlich nichts mehr. Leere, Stille. Ich wartete auf ein Zeichen von ihm. Dann endlich, nach einem Jahr und zwei Monaten, erschien er mir im Traum, am 20. Mai 2021:

Der lachende Buddha

Ich war an einem Seminar, und der Lehrer gab mir die Aufgabe, einen Aufsatz über Buddha zu schreiben. Alle machten sich an die Arbeit, aber mir kam nichts Gescheites in den Sinn. Ich sagte mir: Es muss etwas Lebendiges sein! Keine Theorie. Also begab ich mich nach draussen, um nach meinem frisch gesäten Beet zu schauen. Die Keimlinge lugten schon hervor, was mich sehr freute. Da hörte ich plötzlich Lachen. Ein Lachen, wie nur einer lachte. Frisch, fröhlich, frei: Carlo! Ich sah auf und erblickte ihn tatsächlich. Er kauerte am Rand des Gartenbeetes gegenüber. Er sah jung aus, nicht älter als dreissig.

Es gab keine direkte Begegnung; Carlo war mit jemandem im Gespräch, den ich nicht sah. Und ich musste mich beeilen, um rechtzeitig zum Unterricht zu kommen.

Da erwachte ich, glücklich, dass mein Freund sich endlich gemeldet hatte. Nun hat er seine «Eingewöhnungszeit» hinter sich, sagte ich mir.

Im Buch *Nosso Lar* (Unser Heim) des brasilianischen Mediums Chico Xavier hatte ich gelesen, dass man nach dem Tod an einen Ort kommt, in eine Art «astrale Stadt», die sich über der Gegend befindet, wo man gelebt hat. Man wird empfangen und in ein Gebäude geleitet, wo man sich erholt von seinem Erdenleben. Es scheint so etwas wie eine Reha zu sein, in der man eine bestimmte Zeit verbringt, je nachdem, was alles es zu verarbeiten gibt.

Ich öffnete meine Nachttisch-Schublade und holte das kleine Holzkästchen hervor, in welchem der Ring liegt, den Carlo für mich geschmiedet, den er mir geschenkt hatte: ein Ring aus Rot- und Weissgold, mit zwei Linien aus Palladium für den Fluss der Energie. Nachdem ich ihn eine Weile betrachtet hatte, steckte ich ihn mir an den Ringfinger.

Mit dieser Auswahl von Ereignissen um verstorbene Freunde möchte ich dieses Kapitel beenden.

3. Leben nach dem Tod, Nahtoderlebnisse, Reinkarnation

Es gibt heute unzählige Bücher zu diesen Themen – populäre wie wissenschaftliche. Wir finden die verschiedensten Ausrichtungen und Theorien. Die einen vertreten die Meinung, dass eine Seele sich am besten in einem Leben auf Erden weiterentwickeln könne, und deshalb würde man häufig wiedergeboren (reinkarniert). Andere hingegen, wie das bekannte Schweizer Medium Pascal Voggenhuber, sagen aus, sie würden nur sehr wenige wiedergeborene

Personen kennen. Pascal bezeichnet sich als Medium, welches Kontakte zu Verstorbenen und der Geistigen Welt herstellt. Für ihn ist klar: Es gibt ein Leben nach dem Tod!

Andere berühmte Medien, wie z.B. Edgar Cayce, konnten in Trance verschiedene Leben jener Person sehen, für die sie eine Sitzung abhielten:

Edgar Cayce (1877–1945) war Fotograf und ein gläubiger Mensch. Er besass die Fähigkeit, in Trance zu gehen und in diesem Zustand für die Person, für die er ein «Reading» (Lesung) abhielt, Krankheits-Diagnosen zu stellen sowie Rezepte zur Heilung anzugeben. Oft nahm er auch frühere Leben jenes Menschen wahr. Viele von diesen Personen sah er in einem Leben auf dem untergegangenen Kontinent Atlantis. Cayce hat während seines Lebens an die 30 000 Readings abgehalten, von denen 14 000 aufgezeichnet wurden. Für Cayce war Wiedergeburt die Gelegenheit, bestimmte Lektionen zu lernen auf unserer Erde, um spirituell zu wachsen. Nach seinem Tod wurde er «der schlafende Prophet» genannt.

Weiter gibt es die Berichte über das Jenseits von den so genannt klinisch Toten, die wieder ins Leben zurückgekehrt sind. Zu diesem Thema der Nahtoderfahrungen hat der Amerikaner Raymond Moody wertvolle Vorarbeit geleistet, und später in der Schweiz Stefan von Jankovich. In neuerer Zeit wäre hier der amerikanische Neurochirurg Dr. Alexander Eben zu nennen, der seine siebentägige Reise ins Jenseits nach streng wissenschaftlichen Kriterien beschreibt. Und auf Anhieb einen Bestseller schrieb. Eine faszinierende Nahtoderfahrung – und von vielen ein Beweis für das Leben nach dem Tod genannt!

Und wie steht es mit den Tausenden von Personen, die von sich behaupten, in einem früheren Leben Napoleon oder Kleopatra gewesen zu sein? Hier könnte die Theorie von den Seelenfamilien greifen: Frau Meier, welche behauptet, Kleopatra gewesen zu sein, hat vielleicht tatsächlich in jener Periode im alten Ägypten gelebt, aber eventuell als eine Dienerin in ihrem Palast oder auch nur in derselben Stadt, in Kleopatras weiterem Umfeld. Diese berühmte Königin hat ihre Zeit sehr stark geprägt; und wenn man ein Weiterleben nach dem Tod annimmt, so wäre es nur natürlich, dass jene Ägypterinnen und Ägypter dann in ihr ägyptisches Jenseits eingehen. Sie gehörten dann zur selben Seelenfamilie. Bruder Klaus und seine verstorbenen Innerschweizer Landleute würden sich natürlich im ägyptischen Jenseits nicht heimisch fühlen. Deshalb ist ihre Seelenfamilie ganz selbstverständlich über oder im schweizerischen Raum angesiedelt.

Dass die Hinübergegangenen in dem Kulturkreis bleiben, wo sie vorher gelebt haben – dieser Meinung ist auch das brasilianische Medium Chico Xavier, der den Bestseller «Nosso Lar» (Unser Heim) schrieb. Erzählt wird die Geschichte des Arztes André Luiz, und was dieser nach seinem Tod im Jenseits erlebte. Gemäss Chico Xavier hat André Luiz ihm die meisten seiner Bücher diktiert; er hat Dutzende von Büchern geschrieben, von denen ein Teil auch ins Deutsche übersetzt wurde. Sein berühmtestes Buch, «Nosso Lar», wurde verfilmt.

Spricht man von Reinkarnation, landet man früher oder später beim Begriff *Karma*. Auf Sanskrit bedeutet *karma* (kárman) Tat oder Werk, in philosophischem Sinne Schicksal. Anders gesagt, ist Karma das Gesetz von Ursache und Wirkung. Hat jemand in seinem Leben Böses getan, erhält er in einem späteren Leben die Gelegenheit, dies wieder gut zu machen (bzw. schlechtes Karma abzubauen). Und jemand, der viel Gutes getan hat? Ja, da wird es schon schwieriger... Die Seele dieses Menschen sucht sich vielleicht neue, auch schwierige, Erfahrungen? Und gelangt dadurch eines Tages schneller ins Licht? An jenen Ort, in den früher oder später jede Seele eingehen wird.

Auf jeden Fall dünkt mich die Lehre von Reinkarnation und Karma eine, die für Gerechtigkeit, für einen Ausgleich sorgt. Ein Mörder zum Beispiel, der für seine Tat auf Erden nie belangt wurde, erhält in einem nächsten die Möglichkeit, ein anderes, besseres Leben zu führen. Vielleicht trifft er in jenem neuen Leben auch auf sein damaliges Opfer und kann die alte Tat wiedergutmachen. Das Thema ist aber unerschöpflich und kann auch nicht bewiesen werden. Deshalb möchte ich es hier nicht weiter ausführen, sondern abschliessend nur meine unmassgebliche Meinung dazu mitteilen:

Wenn wir an ein Höchstes Wesen, eine Höchste Intelligenz glauben, die unsere Welt erschaffen hat, so scheint mir, dass ES/SIE/ER auch so intelligent war, dafür zu sorgen, dass in diesen All Welten sich letztendlich immer die Gerechtigkeit durchsetzt: das LICHT. Und dieser Gedanke ist im Kern in allen Religionen enthalten.

4. Rückführungen

In einer Rückführung führt der Therapeut (meist ein Hypnose-Therapeut) den Klienten in der Zeit zurück. In Trance gelangen die Personen in frühere Leben oder in die Sphäre zwischen den Leben – bevor sie wiedergeboren werden. Der Hypnotherapeut Michael Newton entwickelte eine wirkungs-volle Methode, um u.a. durch präzise Fragen zu erfahren, wie es in dieser geistigen Welt aussieht.

Ende der 1980er Jahre nahm ich an einem Gruppen-Rückführungskurs eines Basler Reinkarnationstherapeuten teil. Um es kurz zu machen: Bei mir passierte überhaupt nichts. Ich sah kein einziges Bild. Ich erinnere mich hin-gegen an eine junge Frau, die ein ärmliches, ereignisloses Leben irgendwo an einer Meeresküste beschrieb. Ich stellte mir vor, dass es in der Bretagne gewesen sein musste. Dieses Leben hat mich sehr beeindruckt, es kam so au-thentisch herüber. Die nächste Person war ein Mann, der sein Leben auf einer Königsburg schilderte. Dies fesselte uns und den Therapeuten zunächst. So farbig, so spannend! Aber als er nicht mehr aufhören wollte und immer neue spektakuläre Details hinzufügte, löschte es mir völlig ab. Ich dachte erst, dass ich vielleicht frustriert darüber sei, weil ich nichts sah und er so viel. Aber als der Therapeut den Mann abstellte und ihm mitteilte, dass wir nun von seinem «Film» genug gehört hätten, war ich erleichtert.

Darauf liess ich die Rückführungen sein, bis mir ein Freund anfangs der 2000er Jahre einen Zürcher Arzt empfahl, der dieses Metier sehr erfolgreich praktiziere. Ich war damals in einer Beziehung, die nicht ganz einfach war; so schwierig teilweise, dass ich mir Hilfe erhoffte von einer Rückführung. Ich hoffte, verstehen zu können, was da ablief zwischen meiner Partnerin und mir. An einem Sonntag begab ich mich in die Praxis dieses Arztes in Zürich. Vorgesehen waren ein bis höchstens zwei Stunden. Ich lag auf dem Schragen und mühte mich ab, in die Tiefe zu kommen. Hier und da tauch-ten Bilder auf, die ich nicht genau einordnen konnte. Weder zeitlich noch die Personen, die auftauchten. Plötzlich befiel mich eine Art Krampf an einer bestimmten Stelle im Rücken. Eine Stelle, die mich seit langem plagt. Der Arzt fragte: «Was ist los?» Ich stöhnte: «ein Krampf, ein Schmerz!» Der Arzt: «Gehen Sie hinein, direkt in den Schmerz. Was sehen Sie?»

Nun kamen die Bilder. Ich befand mich in früherer Zeit in Südfrankreich. Wer war ich? War ich ein Troubadour? Hand in Hand spazierte ich mit ei-ner schönen jungen Dame in einem Rosengarten. Dieser gehörte zu einem Schloss. Nach einer Weile wurde mir unbehaglich, etwas stimmte nicht. In diesem Moment verspürte ich einen heftigen Stich im Rücken, an eben jener Stelle. Mir war von hinten ein Dolch in den Rücken gestossen worden.

Hier lösten wir die Rückführung auf. Ich war schweissgebadet. Als ich auf die Uhr schaute, waren fast drei Stunden vergangen.

Ich war verwirrt und wusste nicht so recht, wie ich das Erlebnis deuten sollte. Die Beziehung zu meiner Partnerin löste ich aber nicht auf. Wegen wiederkehrender Schwierigkeiten trennten wir uns dann zu einem späteren Zeitpunkt.

Aber: danken möchte ich dir an dieser Stelle! Wir waren verbunden durch den Mythos von Avalon, bzw. Glastonbury in Somerset. In unseren Räumen erklang ständig wunderschöne keltische Musik. Doch immer wieder drang dieser spitze Dolch in mich ein, brachte mich in eine nichtige, untergeordnete Rolle. Und ich spürte Verachtung, Verachtung des Mannes. Meine Würde gebot mir deshalb, mich zu verabschieden. Danke für alles Schöne, das wir zusammen erlebten, vor allem immer wieder in freier Natur und in den Wäldern!

«Viele von uns haben erkannt, dass unsere gegenwärtigen Beziehungen in einem enormen Ausmass von Erfahrungen in früheren Leben beeinflusst werden. Und viele von uns haben entdeckt, dass wir unsere gegenwärtigen Beziehungen besser verstehen können, wenn wir diese alten Erfahrungen reinigen.
Wir haben nicht nur ein Gefühl, wer wir im Laufe der Zeit gewesen sind, sondern wir erkennen auch jene wieder, die mit uns gereist sind.»
(Barbara Hand Clow, S. 121 Das Siegel von Atlantis. 1993)

5. Meditation

Kurz darauf schloss ich mich einer Meditationsgruppe an. Das war eine gute Entscheidung. Die geführten Meditationen der Lehrerin machten, dass mein Geist nicht abdriften konnte: Er folgte einfach dem, was sie sagte. Ein Problem blieb allerdings: Ich sah keine Bilder.

«Das macht gar nichts», meinte die Lehrerin. «Es ist völlig unwichtig, ob du etwas siehst oder nicht.» Dieser Hinweis erleichterte mich sehr. Es war, wie wenn ein Druck von mir weggenommen wäre. Mein eigener Erwartungsdruck, «etwas» zu sehen.

An der nächsten Meditation passierte es dann. Als die Meisterin sprechend uns führte, sah ich mit einem Mal einen roten Marienkäfer mit schwarzen Punkten! Ganz klar und lebendig. Ich war berührt und freute mich sehr. Bei der Umfrage scheute ich mich nicht, zu erzählen, ich hätte nur einen kleinen Käfer gesehen. «Oh, wie schön!», sagte die Lehrerin. «Der Marienkäfer verheisst Glück.»

Seit dieser Zeit zeigen sich meine inneren Bilder immer häufiger. Auch in ganz unerwarteten Situationen; und in Träumen; oder wenn jemand ein Thema anspricht, zu dem ich eine Beziehung habe. Dann entsteht plötzlich ein Bild vor meinem inneren Auge.

Das war der Moment, von dem an ich die Gewissheit erhielt:

«Chris, du wirst geführt! Du bist nicht allein mit deinen Problemen und Sorgen.»

Seit damals wende ich mich mit freiem Herzen an meine Helfer aus der geistigen Welt. Mit *Marie la Sainte Vierge* habe ich ja schon seit längerem eine Herzens-Beziehung. Nun kamen weitere Geisthelfer dazu, die ich spüren konnte, und mit denen ich in Kontakt treten kann, wann immer ich möchte. Ich würde mich aber nie getrauen, sie z.B. um die Erfüllung eines egoistischen Wunsches zu bitten. Sondern um Hilfe und Segen in einer schwierigen Situation: für meine Lieben, meine Freunde, für die Verfolgten, für Mutter Erde – und manchmal auch für mich.

Damit möchte ich diesen Epilog und dieses Buch schliessen.
Danke liebe Leserin, lieber Leser!

Dank

Mein Dank geht an alle Menschen, die mich seit meiner Geburt begleitet haben, ob kürzer oder länger. Mit jeder dieser Personen verbindet mich etwas, von jeder dieser Personen durfte ich etwas lernen. Wer bis hierher gelesen hat, kennt jetzt einige dieser lieben Wesen. Und zahlreiche werden ungenannt bleiben müssen.

Danken möchte ich dem Schicksal, dass es mich in diesem Leben wieder mit Menschen zusammengebracht hat, mit denen ich auch in früheren Leben schon eine Verbindung hatte. Alle aufzählen kann ich nicht, da ich nicht weiss, mit wem alles ich schon einmal auf Erden zusammen war.

Von Mona weiss ich es. Wir durften elf wunderbare Jahre zusammen durchs Leben gehen, mit allen Aufs und Abs, die zu einer Entwicklung gehören. Danke, dass du mich damals, 2007, erhört hast, als ich dich fragte, ob du mit mir eine Beziehung eingehen möchtest. Danke für die reiche, erfüllte Zeit.

Von Marlen weiss ich es auch. Du warst meine erste Liebe, und die Frau, die unsere beiden wunderbaren Töchter zur Welt gebracht hat, Rahel und Joëlle. – Danke, dass du auf mich gewartet hast, als ich 1969 für vier Monate nach England fuhr. Und für die wilde, bunte, schöne und auch schwierige Zeit während mehr als 25 Jahren.

Danken möchte ich auch meinen ungenannten Freundinnen und Freunden, mit denen mich viel Schönes und Tiefes verbindet: Ihr seid in meinem Herzen, und ich weiss, dass ihr das wisst.

Einen warmen Dank aussprechen möchte ich auch dir, Annemarie, von satzbild.ch. Du hast mein Buch perfekt gestaltet. Und aus dem All-Buddha von Karl Fürer hast du ein wunderschönes Cover kreiert.

In mein Leben gehört auch ihr, geliebte Tiere: Vögel, Hunde, Katzen, Fische und tausend weitere wunderbare Arten. Auch ihr Pflanzen, Blumen, Bäume – so schön und wertvoll! Und nicht zuletzt: ihr unsichtbaren Wesen, die ihr segensreich im Verborgenen wirkt, Naturgeister, Feen, Engel – hier auf Erden wie in den jenseitigen Sphären: danke.

Anhang (zum Kapitel Conquistador, Seite 62)

Conquistador (Procol Harum), englischer Text

Conquistador your stallion stands
in need of company
and like some angel's haloed brow
you reek of purity
I see your armour-plated breast
has long since lost its sheen
and in your death mask face
there are no signs which can be seen
And though I hoped for something to find
I could see no maze to unwind

Conquistador a vulture sits
upon your silver shield
and in your rusty scabbard now
the sand has taken seed
and though your jewel-encrusted blade
has not been plundered still
the sea has washed across your face
and taken of its fill
And though I hoped for something to find
I could see no maze to unwind

Conquistador there is no time
I must pay my respect
and though I came to jeer at you
I leave now with regret
and as the gloom begins to fall
I see there is no, only all
and though you came with sword held high
you did not conquer, only die
And though I hoped for something to find
I could see no maze to unwind

Deutsche Übersetzung (von Christian Schmid)

Conquistador, dein Hengst steht da,
er ist allein.
Und wie der Heiligenschein-Kopf irgendeines Engels
stinkst du nach Lauterkeit.
Ich sehe, dein Brustpanzer
hat längst schon seinen Glanz verloren.
Und in deinem Totenmasken-Gesicht
keine Zeichen, die man sehen kann.
Obwohl ich hoffte, etwas zu finden,
sah nirgends ich ein Labyrinth, das ich hätte lösen können.

Conquistador, ein Geier sitzt da
auf deinem silbernen Schild,
und in deiner rostigen Scheide
hat nun der Sand sich eingepflanzt.
Obwohl deine juwelenbesetzte Klinge
bis jetzt noch nicht geplündert wurde,
hat das Meer dein Gesicht überspült
und weggenommen seine Fülle.
Und obwohl ich hoffte, etwas zu finden,
sah nirgends ich ein Labyrinth, das ich hätte lösen können.

Conquistador, es bleibt keine Zeit,
dir meine Aufwartung zu machen.
Obwohl ich kam, dich zu verhöhnen,
verlasse ich dich nun mit Bedauern.
Und wie die Schwermut langsam von mir abfällt,
sehe ich, da ist kein… nur alles.
Obwohl du kamst mit hochgerecktem Schwert,
hast du nicht erobert, bist nur gestorben.
Obwohl ich hoffte, etwas zu finden,
sah nirgends ich ein Labyrinth, das ich hätte lösen können.

Literatur

Nachstehend eine kleine Auswahl von Büchern, die für mich wichtig gewesen waren – jedes einzelne war ein Mosaiksteinchen auf meinem Weg.

(Evans) Cayce, Edgar, Edgar Cayce on Atlantis (englische TB-Ausgabe 1968)

Cayce, Edgar, Das Atlantis-Geheimnis, München 1991

Dyer, Wayne, Erinnerungen an den Himmel
(Was Kinder aus der Zeit vor ihrer Geburt berichten), München 2016

Eben, Alexander, Blick in die Ewigkeit, München 2013

Haich, Elisabeth, Einweihung (Roman über ein Leben im alten Ägypten), Thielle 1960

Hand Clow, Barbara, Trilogie der Bewusstseinschroniken:
- Band 1, Das Auge des Zentauren. Eine visionäre Reise in frühere Leben, Frankfurt 1992
- Band 2, Das Herz des Christos. Sternensaat von den Plejaden, Frankfurt 1992
- Band 3, Das Siegel von Atlantis. Kein Krieg mehr im Himmel, Frankfurt 1993

Jankovich, Stefan von, Ich war klinisch tot, München 1985

Kübler-Ross, Elisabeth, Über den Tod und das Leben danach, Melsbach 1985

Moody, Raymond, Leben nach dem Tod, Hamburg 1977

Newton, Michael, Die Reisen der Seele (Fallstudien eines Hypotherapeuten), Wettswil 1996

Stearn, Jess, Der schlafende Prophet (Prophezeiungen in Trance), Genf 1978

Steiner, Rudolf, Esoterische Betrachtungen karmischer Zusammenhänge, Bd I und III, Dornach 1995

Voggenhuber, Pascal, Botschafter der unsichtbaren Welt, München 2011

Wambach, Helen, Seelenwanderung, München 1987

Weiss, Brian, Die zahlreichen Leben der Seele, München 1994

DVD

Astral City. Nach dem Bestseller «Nosso Lar» (Unser Heim) des brasilianischen Mediums Chico Xavier. KSM GmbH 2014

Bildnachweis

Cover: Bild «All-Buddha» von Karl Fürer

Alle Fotos und Zeichnung Seite 13 vom Autor, ausser:

Seite 18, © worldwar2database.com

Seite 62, «Der Kirchenschatz der röm.-kath. Stiftskirche Saint-Ursanne»

Seite 64, Marlen Schmid

Seite 71, Die Jesuiten und die heilige Inquisition:
DVD-Reihe «Das Geheimnis der Illuminaten» (Sternentor Verlag)

Seite 89, E. H. Gaullieur, die Geschichte der Schweiz, 1856.
Auch abgedruckt in: Christian Schmid, Gallusland, Paulusverlag 2011

Seite 95, «Zufriedenheit» aus Zyklus «Loslassen und inkarnieren» von Karl Fürer

Seite 114, Autorenfoto Rahel Schmid

Publikationen des Autors

Christian Schmid, Gallusland. Auf den Spuren des heiligen Gallus.
Paulus Verlag, 2011.
ISBN 978-3-7228-0794-2
Vergriffen. Beim Autor noch erhältlich.

Christian Schmid, Die Schmid von Uri. Auf den Spuren einer alten Urner Familie.
BoD, 2015.
ISBN 978-3-7386-4453-1

Christian Schmid von Uri, Wilhelm Tell – Lebendiger Mythos.
BoD, 2017.
ISBN 978-3-7431-5153-6

Christian Schmid, You Really Got Me! Music 1947–1970.
BoD, 2018.
ISBN 978-3-7528-1683-9

Christian Schmid, Wer weiss – vielleicht habe ich schon einmal gelebt?
BoD, 2022.
ISBN 978-3-75577-012-1

Vorschau:
Christian Schmid, Innere und äussere Reisen

Über den Autor

Christian Schmid wurde 1947 in Zürich geboren. Seine ersten vier Jahre lebte er im Kanton Uri, danach im Kanton Glarus. Seit 1958 ist er in St. Gallen wohnhaft. Er ist geschieden und Vater von zwei erwachsenen Töchtern.

Christian Schmid
Wolfganghof 8A
9014 St. Gallen, Schweiz
E-Mail: chris.schmid1@gmx.net
Webseite: www.schmidvonuri.ch